南开大学博物馆藏品图录

百件文物精品卷

南开大学博物馆　编著

科学出版社
北京

图书在版编目（CIP）数据

南开大学博物馆藏品图录. 百件文物精品卷 / 南开大学博物馆编著. -- 北京：
科学出版社, 2020.5
ISBN 978-7-03-064694-1

Ⅰ. ①南… Ⅱ. ①南… Ⅲ. ①南开大学…博物馆…文物…图录 Ⅳ. ①K870.2

中国版本图书馆CIP数据核字(2020)第047538号

责任编辑：张亚娜　郑佐一 / 责任校对：邹慧卿
责任印制：肖　兴 / 书籍设计：北京美光设计制版有限公司

斜　学　出　版　社　出版

北京东黄城根北街16号
邮政编码：100717
http://www.sciencep.com

北京华联印刷有限公司 印刷

科学出版社发行　各地新华书店经销

＊

2020年5月第　一　版　　　开本：889×1196　1/16
2020年5月第一次印刷　　　印张：13 1/4
字数：380 000

定价：268.00元

（如有印装质量问题，我社负责调换）

编委会

主　编　　刘　毅

编　委　　刘　毅　　张婧文　　刘　阳　　梁金鹏　　白瑶瑶
　　　　　王　军　　孙静姝

撰　文　　刘　阳　　梁金鹏　　白瑶瑶

摄　影　　梁金鹏　　白瑶瑶　　刘　阳

序

2019年10月17日是南开大学百年校庆，原先规划，南开大学博物馆的正式馆舍——津南校区新思源堂等也将于校庆期间启用。为迎接此"双庆"，本馆自2018年开始着手筹备举办"百年南开　百件精品——南开大学博物馆馆藏文物精品展"，本书为展览图录。

南开百年，其文物收藏的时间却只刚刚过半。抗战胜利复校后至20世纪50年代，历史系的前辈们曾经收集了一批私人旧藏的文物，但数量较少也不成体系，并且还夹杂着部分年代、乃至真赝存疑者。1979年，由郑天挺、魏宏运等先生积极推动，经教育部批准，博物馆学专业在南开大学历史系恢复设置，为满足教学观摩需要，有针对性地征集文物成为迫在眉睫的工作。在最初两任专业主任王玉哲、傅同钦先生的主持下，80年代末以前到任和入职的教师们基本都参与过文物征集，其中张锡瑛教授用力尤多。到80年代中后期，南开博物馆学专业文物陈列室已经法相初呈，具备了辅助教学需要的基本功能，也奠定了后来南开大学博物馆文物藏品的基础。需要特别说明的是，当时这些文物都是文博考古机构无偿调拨的，这些单位是：山西省博物馆、河南省博物馆、洛阳博物馆、天津市文物管理处、甘肃省博物馆、陕西省博物馆、始皇陵秦俑坑考古发掘队、武功县文化馆、广东省博物馆、扬州市博物馆、南京市博物馆、南京博物院、山东省考古所、山东省博物馆、郑州市博物馆、镇江博物馆、中国历史博物馆、湖北省文物工作队江陵工作站、故宫博物院、新疆维吾尔自治区博物馆、吉林省博物馆、朝阳地区博物馆、沈阳故宫博物馆、四川省文物管理委员会、湖南省博物馆、天津市历史博物馆、湖北省博物馆、河南省文物研究所、陕西省考古研究所、天津市文物公司、贵州省博物馆等（以上按"调拨单"标注的年月排序，各单位名称均从当时所钤公章）。这批藏品是本专业1980年恢复招生以来前若干届学生最早直接接触到的文物，对南开文博学子的培养功德无量；对此义举，后人应当永远感恩！

南开大学历史系博物馆学专业同仁合影（1990年6月）

前排左起： 黄春雨　　傅同钦　　刘代良　　傅 玫
后排左起： 刘 毅　　朱凤瀚　　张锡瑛　　马子庄　　杨东明　　贾建明

　　由于多方面的原因，我馆历年接受私人捐赠并不多，其中南开大学校友、已故江西省文物考古研究所研究员陈柏泉先生退休后在民间收集并转赠我校的江西洪州窑、景德镇窑、吉州窑等窑口的瓷器和标本多为标准器，自成一体。

　　从历史系博物馆学专业代管的文物陈列室，到2014年南开大学博物馆正式成立，前后30余年的历程，各种制度规章和安全保卫设施从无到有，并逐渐走向规范，历任专业（系）主任都付出了艰辛的努力，其中就有后来曾任中国历史博物馆馆长、国家博物馆常务副馆长的朱凤瀚教授。这里还必须要提到历任保管员（包括藏品保管和文物账目管理），据说"文革"时期，王玉哲教授在一个本子上作过简单的记录，这是那批早年收藏的最早账目（此事我只有耳闻，并没有见过那个本子）；文物陈列室及其以前时期张锡瑛、马子庄、黄春雨、贾建明、李少龙、王燕、袁胜文，先后承担过保管任务，他们中只有李、王二人是专职保管员，其他人都是教师兼差，在制度不健全的情况下为保护这批文物做了不少工作。博物馆正式成立以来先后到岗的刘阳、梁金鹏、白瑶瑶完成了文物藏品的交接，既而又作了大量的藏品保管规范化工作；促成本馆藏品管理完全实现了正规化。

由于所在学科和博物馆捆绑在一起，我对于博物馆及其管理工作并不陌生；但对于大学博物馆，尽管供职高校 30 余年，却还是有一些认识盲点。受命组建南开大学博物馆以来，我时常思考的问题就是，大学博物馆如何定位？它与普通公立博物馆的突出区别是什么？或者换一个角度说，大学博物馆的收藏追求是什么？所要展示的核心内容是什么？这些是办馆首先要明确的前置理念。从国内外诸多实例来看，大学博物馆的设置，首先是为了满足相关学科的教学辅助需要，就文博考古类专业来讲，基础性藏品首先应该是文物中的标准器；其次，大学博物馆还承担着本校其他专业师生文化素质涵养提升，以及对公众普及文化遗产等专业知识的任务。因此，也需要其他相应的不同门类的藏品。此外，作为高校内部的收藏部门，还应该关注那些承载着自己学校历史记忆的实物性资料，即校史类文物，特别是与重大历史事件或与重要人物有关的物品，包括专业的或部分非专业的图书文献资料、手稿等。这方面要准确界定博物馆"藏品"的边界，与同校的校史馆、档案馆、图书馆等单位作好分割，各司其职。

目前南开大学博物馆藏品还不足够多、内容也谈不上丰富，但却有不少精品。此次我们选择了其中的 100 件，分为"在祀与戎""器用之道""三界融通"三个专题展出。遴选的规则，首先是标准器，其次是照顾到年代、质地、器形等诸多因素，同时尽可能多地涵盖藏品的来源。因此，所选还包括了 1980 年以前的旧藏，以及西南联大时期边疆人文研究所的民族调查资料等。

2019 年 10 月 16 日，南开大学创办 99 周年的最后一天，国务院正式公布了第八批全国重点文物保护单位名单，经由本馆积极推动、校内有关部门和校外兄弟单位的积极协作，八里台校区思源堂忝列其间。经此零的突破，南开大学文物保护事业势必将迎来全新的发展契机。本馆以此百件精品应和南开百年校庆，祝愿百年母校百尺竿头再进步，祝愿年逾五龄的校博物馆功能并举日月新。

刘 毅

2019 年 12 月 31 日于南开大学范孙楼 131 室

目　录

壹

在祀与戎

贰
器用之道

信达天下

华裳美妆

饮膳美器

安居诗礼

事死如生

叁

三界融通

在祀与戎

壹

在中国古代社会，祭祀与征战是国家大事，正如《左传·成公十三年》所云："国之大事，在祀与戎。"上古至先秦时期，在尊崇鬼神、重视祭祀的观念和尚武精神的影响下，出现了诸多用于祭祀的礼乐器和用于战争的兵器，这些器物皆为国之重器，不仅体现了当时先进的制造技术，而且能揭示出当时人们的信仰体系。本单元通过礼乐内辑和武功外悠两部分内容展示古代的礼乐器和兵器。

国之大事，在祀与戎。

礼乐内辑

　　"礼乐内辑"所展示的文物皆为礼乐之器，包括黑陶高柄杯、彩陶等陶制礼器和鼎、簋、爵、斝、觚、甬钟等青铜礼乐器。这些礼乐器以不同的数量、器类组合标志着各级贵族的等级和地位，被统治者赋予了沟通人神、象征权力和地位的特殊内涵。

黑陶高柄杯是大汶口文化最具特征的陶器之一。大汶口文化是黄河下游地区的新石器时代文化，因1959年于山东省泰安县大汶口发掘其遗址而得名，主要分布在山东泰山周围地区，延及山东中南部和江苏淮河以北一带。大汶口文化年代约始自公元前4300年，到公元前2500年左右发展成龙山文化。

大汶口文化晚期出现了一批黑陶制品，如黑陶壶、黑陶高柄杯等，其中尤其以黑陶高柄杯引人注目。它高柄中空，器壁较薄，素面磨光，配以镂空等多种工艺手法；烧成温度较高，质地坚硬，这种黑陶为后来当地龙山文化的蛋壳陶杯的出现准备了技术条件。这种薄胎镂空的高柄杯非常精巧、轻薄，在日常生活中不宜使用，有些考古学家认为其属于礼器，是商周青铜礼器的早期表现形式，有可能是在祭祀等礼仪上使用的特殊酒器。精美而烧造不易的高柄杯多成组随葬在大墓中，被赋予了标志等级身份、敬飨天地神灵的礼仪功能。在龙山文化晚期，造型优美的高柄杯与白陶鬶、黑陶罍组成了成套的酒礼器。

黑陶镂空高柄杯

新石器时代大汶口文化（距今约6100～4600年）

通高　24厘米

口径　9.8厘米

底径　7厘米

黑陶镂空豆

新石器时代大汶口文化（距今约6100～4600年）

高　　20.8厘米

口径　28.8厘米

底径　13.8厘米

礼
乐
内
辑

新石器时代中晚期，黄河流域的彩陶文化大放异彩，黄河上游甘青地区彩陶的造型、纹饰、画风均富有浓郁的地域特点。马家窑文化是黄河上游地区新石器时代考古学文化，因甘肃省临洮县马家窑遗址而得名。

彩陶肩耳壶

新石器时代马家窑文化

（距今约5300～4050年）

高　　21.6厘米

口径　8.6厘米

底径　9.5厘米

彩陶旋涡纹壶
新石器时代马家窑文化（距今约5300～4050年）

高　　44厘米

口径　11.5厘米

底径　9.5厘米

此壶是马家窑文化半山类型的典型器，腹部膨圆，肩及腹部主题纹饰用红黑两彩绘旋涡纹四组，旋涡纹内为十字纹，旋涡连线边缘饰细密的锯齿纹，锯齿纹是马家窑文化半山类型的标志性特征。半山类型是马家窑文化晚期类型之一，因安特生发现于甘肃省广河县半山遗址而得名，主要分布在黄河上游及其支流湟水、洮河以及庄浪河流域，向西延伸到河西走廊一带，范围基本和马家窑类型相同，但已逐渐西移。半山类型绝对年代约在公元前2500～前2200年。

安特生发现半山彩陶后，曾提出锯齿纹是一种与葬礼有关的"丧纹"[1]，后来考古发现资料显示其在日用器物上也有较多发现，证明"丧纹"说没有根据[2]。后有学者认为锯齿纹是古羌人对山的崇拜而衍变成的纹饰，并非丧纹[3]。锯齿纹在中亚的土库曼斯坦南部及附近地区出现甚早且非常流行，有学者据此提出半山彩陶锯齿纹有可能是受中亚彩陶文化东向影响[4]。

旋涡纹是当时一种很流行的装饰图案，不仅为我国史前人们所采用，而且也遍及古代世界各国、各部族的纹饰中，如古埃及的壁画、美洲印第安人和北欧新石器时代陶器上都有旋涡纹。然而马家窑类型和半山类型的旋涡纹是登峰造极之作，半山彩陶艺术把旋涡纹的发展推向鼎盛期。该器物表面穿插盘旋而成的旋涡纹，一般认为是象征了水或河流，利用弧线的起伏、旋转表现河水奔腾向前的韵律感。审美经验来源于生产实践，马家窑和半山先民择水而居，他们在彩陶上绘旋涡纹有可能表达着对水的崇拜和敬畏。

中亚纳马兹加二至四期文化彩陶

图片来源　韩建业：《马家窑文化半山期锯齿纹彩陶溯源》，《考古与文物》2018年第2期。

古埃及壁画及天石画中的旋涡纹

图片来源　施慧：《我国古代旋涡纹饰初探》，《新美术》1983年第1期。

北欧新石器时代陶器　　　美洲印第安人陶器

图片来源　施慧：《我国古代旋涡纹饰初探》，《新美术》1983年第1期。

[1] 安特生著，乐森璕译：《甘肃考古记》，地质专报甲种第五号，1925年。
[2] 严文明：《难忘的青岗岔》，《农业发生与文明起源》，科学出版社，2000年，第288-297页。
[3] 王志安：《马家窑彩陶文化探源》，文物出版社，2016年，第51-57页。
[4] 韩建业：《马家窑文化半山期锯齿纹彩陶溯源》，《考古与文物》2018年第2期。

彩陶四大圆圈纹壶
新石器时代马家窑文化（距今约5300～4050年）

高　　41.5厘米

口径　13.5厘米

底径　12.8厘米

彩陶双耳壶

新石器时代马家窑文化（距今约5300～4050年）

高　　18.5厘米

口径　14.4厘米

底径　8.5厘米

玉琮

西周（前1046～前771年）

高　5.7厘米

长　7.1厘米

宽　7.1厘米

玉琮王上神人兽面纹神徽

图片来源　古方主编：《中国出土玉器全集·浙江卷》，科学
出版社，2005年，第71页。

浙江余杭反山出土良渚文化兽面玉琮

图片来源　古方主编：《中国出土玉器全集·浙江卷》，科学出
版社，2005年，第76页。

以目前的考古发掘材料来看，玉琮起源于公元前3000年左右的江浙地区史前文化，以外方内圆、内贯大孔为主要特征，是新石器时代晚期最重要的玉礼器之一。这件玉琮与江浙地区史前时期的玉琮有相似之处，但做了一定的简化。西周玉琮发现较多，在大中型墓葬中比较常见，一般与玉璋、玉璜、玉璧等同时出现。

玉琮的功用在学术界引起了长时间的广泛争论，说法很多，《周礼·春秋·大伯》载"以黄琮礼地"；有学者认为玉琮外圆内方象征天地、中间大孔寓意天地贯穿，因而其是"古代贯通天地，进行祭祀神明天地的祭祀用器"[1]；还有人认为琮是宗庙祭祀中请神主的法器[2]；还有"玉殓葬"说[3]等，关于玉琮的功能说法很多，诸说法各有特点，不一而足。在商周时期，玉琮作为礼器，更多体现与用作贵族身份地位及其交往的信物，甚至表现为贵族死后的随葬奢侈品，也可看作是贵族身份地位的标志。

[1]　张光直：《谈"琮"及其在中国古史上的意义》，《文物与考古论集》，文物出版社，1986年。
[2]　〔日〕林巳奈夫：《东方学报》第六十一册，京都大学，1989年。
[3]　汪遵国：《良渚文化"玉殓葬"述略》，《文物》1984年第2期。

卜骨

商（前1600～前1046年）

残

长　3.5～20.5厘米

宽　2.3～11.6厘米

厚　0.2～1.3厘米

史前人类感于天地，世事无常，祈望通过某些自然现象或者灵物得到神灵的启示，由此产生了占卜。史前占卜手段和工具多种多样，其中以甲骨占卜的遗存最为丰富。古代占卜主要使用龟甲和兽骨，骨指卜骨，多用牛、羊、猪的肩胛骨，这个部位既宽且薄，稍加烧灼即爆裂，最宜占卜。用于占卜的动物可能是供奉给神的牺牲，成为沟通人神的媒介。占卜时先对甲骨进行修治，再用工具在甲骨上施钻，而后烧灼，正面呈现卜兆，占卜者根据裂纹以定吉凶。卜骨从新石器时代开始出现，商代鼎盛，春秋以降衰落，秦汉之后则被更为精妙的占卜方式代替。

此卜骨为商代卜骨，商代占卜主要用牛肩胛骨和龟腹甲，商代占卜形式渐趋完善，对甲骨要做细致的修整加工，钻孔后再孔内烧灼，钻孔占卜的传统应是继承自黄河下游地区的史前文化。占卜是沟通神人关系的一种手段，当时很可能也出现了专职占卜的巫师。商代晚期贵族盛行在甲骨上刻下所卜之事和应验情况，这就是珍贵的甲骨文，也称之为甲骨卜辞。

甲骨

商（前1600～前1046年）

长　7.6厘米

宽　3.3厘米

铭文　一月，唯王十祀又九。

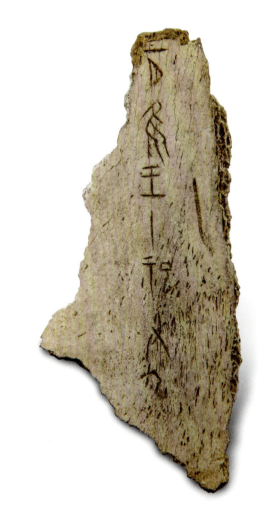

涡纹青铜鼎

商（前1600～前1046年）

通高　23.5厘米
口径　19.5厘米

此鼎为商代青铜鼎，直耳深腹，鼎体厚重，三素足较粗壮，纹饰精美，颈部四周有六个泡状圆涡纹，为该鼎的主体纹饰。涡纹近似水涡，故为涡纹，其形状又像太阳，也有人称其为"火纹"，盛行于商周时期，是日神崇拜的象征，体现着当时人们对自然神灵的朴素信仰。涡纹是商周青铜器少见的圆形纹饰，为那个庄严、神秘的时代增添了柔和的一面。

夔纹青铜鼎

周（前1046～前221年）

通高　19.7厘米

口径　15.9厘米

礼乐内辑

云雷纹青铜簋
西周（前1046～前771年）

高　　13.1厘米

口径　16.8厘米

底径　13.9厘米

"民以食为天"，我国青铜时代以鼎、簋等器物，用于祭祀中盛放牺牲，以及宴飨等礼仪活动中炊煮、盛放肉食。在礼制日臻完善的周代，还以鼎、簋的数量标志各级贵族的等级与地位，最高一级用鼎规格为天子，因此陈列于宗庙之中的鼎、簋等青铜重器有着君权神授和国家政权的象征意义，为国之重器。"毁其宗庙、迁其重器"则意味着权力转移和国家灭亡。

兽面纹青铜壶

商（前1600～前1046年）

高　35厘米
口径长　17.2厘米　口径宽　14.5厘米
底径长　17.8厘米　底径宽　14厘米

兽面纹青铜觚

商（前1600～前1046年）

高　　24.6厘米

口径　14.6厘米

礼
乐
内
辑
————

青铜斝

商（前1600～前1046年）

通高　27.7厘米

口径　14.8厘米

兽面纹青铜爵

商（前1600～前1046年）

高　19.7厘米

爵是商代十分流行的一种酒器。这件南开大学博物馆藏的兽面青铜纹爵腹底有三个长足，口沿两端分别有槽状或管状流，尖尾。腹部面目狰狞、肃杀威严的兽面纹，古称之为"饕餮"。相比二里头文化的青铜爵，商代青铜爵的流尾缩短，器身更为粗壮，造型内敛而含蓄，纹饰更趋精美而华丽。从商代早期开始，青铜爵、斝、斝成了贵族最常使用的青铜礼器组合，往往成套出土于贵族墓葬。

青铜爵的具体用途，目前学界仍无定论，有饮酒、温酒、注酒、煮酒等不同说法。商人以酒器为礼器，爵作为最重要的酒器之一，逐渐成为身份等级的象征，这件青铜爵，折射着商代独特的社会气氛，承载着我国源远流长的酒文化，是青铜礼器中的经典之作。

河南偃师二里头遗址出土铜爵

图片来源 李伯谦主编：《中国出土青铜器全集·河南卷》，科学出版社，2019年，第3页。

礼
乐
内
辑

窃曲纹甬钟

春秋（前770～前476年）

| 通高 | 41.9厘米 | 甬长 | 16.9厘米 |
| 口径长 | 16.6厘米 | 口径宽 | 13.5厘米 |

中国早期文明的一大特点是礼乐文化繁盛，乐器是礼器的一个重要组成部分。早在新石器时代陶寺遗址，乐器主要发现于高级贵族大墓，体现了乐器的不凡地位，后来出现的石磬、铜铃、陶埙等器类组成就是从新石器时代晚期所开创的"金石之乐"继承发展而来的。

甬钟是周代青铜乐器，属打击类器类，合瓦形结构，因最上面平面"舞部"之上立有"甬柱"区别与舞部上立有悬钮的钮钟而得名。此甬钟顶部正中有柄，柄侧有钮，钟体上有窃曲纹，并铸有36枚柱突。甬钟出现于西周，流行于春秋战国，通常成编使用。甬钟是我国古代宗庙祭祀宴飨宾客不可缺少的乐器，在古代属于雅乐器的一种，它具有古朴、深沉、多变、神秘的丰富音色，是研究我国古代音乐文化以及春秋时期礼乐文化变革的重要物证。

甬钟各部位的名称

图片来源 华觉明：《中国古代金属技术：铜铁造就的文明》，第219页。

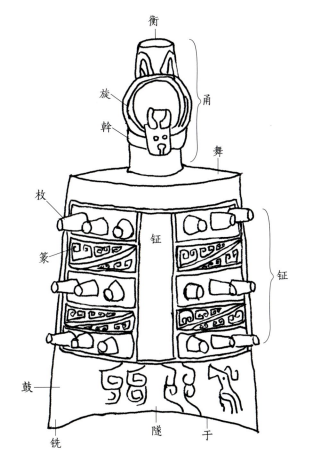

武功外悠

　　"武功外悠"所展示的是与古代战争和宫城守卫相关的文物，其中有戈、矛、剑、弩机等青铜兵器，也有"凝霄门外左交""内宿待命"等牌符。军队是战争的载体，而武器优劣则是战争能否取胜的关键因素。古代先民在尚武精神的影响下发明创造了大量的兵戎利器，执干戈以卫社稷，为中国古代文明的形成和发展做出了重要的贡献。

云雷纹青铜戈

商（前1600～前1046年）

长　20.1厘米

宽　6厘米

三穿青铜戈

周（前1046～前221年）

长　21.6厘米

宽　11.4厘米

❶ 曲刃青铜短剑

春秋（前770～前476年）

长　35.4厘米

宽　6.2厘米

厚　1.3厘米

❷ 兽面纹青铜剑

战国（前475～前221年）

长　54.1厘米

宽　5.3厘米

厚　2.5厘米

❸ 青铜剑

战国（前475~前221年）

长　45.3厘米

宽　4.5厘米

厚　3.6厘米

1

武
功
外
悠

2

3

铜弩机

战国（前475～前221年）

高　13.5厘米

长　10.8厘米

宽　5.3厘米

武
功
外
悠

弩是我国古代具有远射和较强杀伤力的武器，弩机是木弩的铜制构件，装置于弩的后部，由牙、望山、悬刀及郭等部件组成。弩的发明，应当是弓箭改良的结果。弩的使用，使箭的射程更远，杀伤力更强，命中率更高。关于其发明的时代，有黄帝说、春秋楚国说、战国说等；从考古资料看，弩机最早出现在春秋晚期的楚国墓葬中，现在一般认为是春秋晚期楚国发明的。战国时期，弩已经相当广泛地使用，且已达到很高的水平，此件就是战国时期的弩机。汉代弩的形制、结构、性能有了显著的改进，出现了"连弩""大黄"等劲弩，在汉朝抗击匈奴的战争中发挥了巨大的作用。魏晋以后，还出现了床弩等大型强力弩机，直到火器开始在军事中广泛应用，这种弩弓类武器开始逐渐衰落了。

弩机是古代战争中发挥主要作用的武器之一，古代兵法、战书如《孙子兵法》《六韬》等对其用法、布阵无不详加论述，以期将其功能发挥到极致，多以长兵强弩在前、或置左右，短兵居后。这在秦兵马俑坑军阵中得到充分体现，把当时最先进的远射武器——弩机放在主要的位置。汉代还用弩机之强来美誉将军之勇，出现了"积弩将军""强弩将军"等称号，可见弩机虽小，但其古代兵器中具有举足轻重的地位。

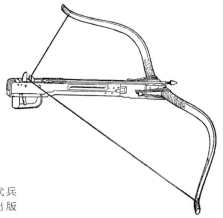

战国弩复原示意图

图片来源　杨泓：《中国古代兵器论丛》，中国社会科学出版社，2007年。

鄂城出土错金银铜弩机

图片来源　韩茗：《六朝铜弩机小议》，《中国国家博物馆馆刊》2019年第5期，图二-1。

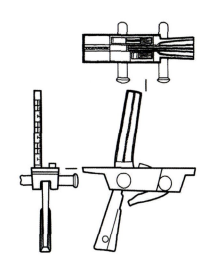

1

2

3

4

5

铜箭镞
秦（前221～前206年）

1　长　18.2厘米

2　长　18.3厘米

3　长　16.6厘米

4　长　14.2厘米

5　长　12.5厘米

铜矛

战国（前475～前221年）

长　　　21.3厘米

宽　　　3.5厘米

镫径　　2.7厘米

青铜车马器一组

❶ 辖軎

春秋（前770～前476年）

軎长　5厘米
口径　7.6厘米
辖长　7.8厘米

❷ 马衔

战国（前475～前221年）

通长　22.1厘米

❸ 銮铃

战国（前475～前221年）

通长　10.7厘米

牌符作为一种特殊的信物，历史上在各国的政治、军事等方面被广泛使用。唐、宋、西夏、辽、金及以后的蒙元时期，牌符种类繁多，用途广泛，西夏的牌符制度和辽金的牌符制度大致相同，主要用于宫廷守卫、军事活动以及对外使节中。一般由皇帝亲授，可以调动驿马，索取物资，体现出与军事相关的诸多层面系统而严密的管理体制。在对外使节中，这类牌符是国家及帝王的象征，代表着国家的权威。

此牌符为长方铲形牌符，铜制，正面所刻西夏文可译为"内宿待命"，根据其铭文内容，推测此牌应为守御牌符，其用法与唐代的交鱼符、巡鱼符相似，主要在宫殿门、城门及内宫使用。西夏铜牌等级有别，"宫门后寝待命"牌尺寸要比"内宿待命"牌和"防守待命"牌大，从西夏牌符的大小和法律条文看，西夏宫门后寝待命的级别较高。西夏铜牌作为内宫待命者所佩戴的符牌，不仅仅是用以代表身份地位，更是西夏内宫制度的重要体现。

"内宿待命"西夏文铜牌

西夏（1038～1227年）

长　7.1厘米

宽　4.2厘米

厚　0.3厘米

"宫门后寝待命"西夏文铜牌

图片来源　王静如：《西夏木活字版佛经与铜牌》，《文物》1972年第11期。

"凝霄门外左交"铭铜鱼符

唐（618～907年）

长　5.5厘米

宽　2.2厘米

厚　0.6厘米

符是古代朝廷传达命令或调遣兵员的凭证，用金、玉、铜、竹、木等制成。一符剖为左右两半，双方各执一半，合之以验真假。两半相合，称为"符合"，表示命令验证可信，反之则不可行其令。战国时期的兵符呈虎形，世称"虎符"。汉承秦制，亦用虎符，秦虎符文字错金，汉虎符文字错银，东晋以后皆凿款。唐代改用鱼符，为符制上的一大变化，宋以后皆用牌。

此件鱼符为唐代官员使用的鱼形符契，为鱼形，前段有孔，中间有同字形榫卯可相契合。鱼符内侧刻有铭文："凝霄门外左交"，根据铭文内容判断，此鱼符应为当时宫殿门城、门所给的交鱼符，应是进出宫门的凭证。鱼符一般分左右两半，此件应为其中之一半。其使用方法，可参考吴大澂所藏鱼符刻文之图：鱼身刻"凝霄门外左交"；图下刻"铜交鱼符，唐制，左者进内，右者在外，左交者交鱼符之左也"；下刻古币，落款"光绪乙酉夏，大澂"；阳文印"吴大徵藏"。

吴大澂所藏上刻鱼符阴阳重叠图

图片来源　杨君康：《竹刻扇骨鉴赏》，苏州大学出版社，2014年，第32页。

器用
之道

中国传统造物理念历来重视器物的实用价值，《老子》道："埏埴以为器，当其无，有器之用。"《周易》曰："备物致用，立功成器，以为天下利，莫大乎圣人。"透过古人日常生活使用之器，不仅可感知其匠心独运，亦可体会古人的生活智慧与风雅情趣。本单元通过"信达天下""华裳美妆""饮膳美器""安居诗礼"四部分内容对古代日用器进行介绍。

埏埴以为器，当其无，有器之用。

信达天下

"信达天下"所介绍的文物都关涉到古代"信用"相关的文化与制度，涵盖封泥、玺印、货币、衡器等诸多器类。

信达天下

"钜定长印"封泥

汉（前206～220年）

长　3.2厘米
宽　2.7厘米

古人曾使用竹木简牍书写文书，为了起到凭信或防止他人私自启封的目的，会在捆扎简牍的绳结上或封口处用胶质黏土进行封缄，并在上面以公私印章抑押，这种带有印章的泥块被称作"封泥"。封泥流行于秦汉时期，魏晋以降简牍为纸、帛所取代，封泥之制随之消亡。

这件封泥上印有"钜定长印"四个字，"钜定"为汉时所置县名，位于今山东省广饶县境内。汉代官制规定，人口万户以上的县可设县令，人口不足万户的县设县长，由此可知，钜定在当时是人口不足万户的小县，"钜定长印"则为钜定县长所用之印。

类似文物还有长沙马王堆一号汉墓出土的"轪侯家丞"封泥，印泥上印有"轪侯家丞"四字。"轪侯家丞"是轪侯家的总管。这件封泥残存有封泥匣与残封绳，为我们了解当时简牍的封缄方式提供了珍贵的实物资料。

西汉"轪侯家丞"封泥

图片来源　湖南省博物馆、中国科学院考古研究所编：《长沙马王堆一号汉墓》，文物出版社，1973年，图版一〇〇。

官印一组

❶　"部曲督印"铜印

东汉至魏晋南北朝（25～589年）

高　　2.2厘米

边长　2.4厘米

❷　"别部司马"铜印

东汉至魏晋南北朝（25～589年）

高　　2厘米

边长　1.9厘米

❸　"军假司马"铜印

东汉至魏晋南北朝（25～589年）

高　　2.6厘米
边长　2.5厘米

❹　"军司马印"铜印

东汉至魏晋南北朝（25～589年）

高　　2厘米
边长　2.3厘米

❺ "襃德太守印记"铜印

南宋（1127～1279年）

高　　　3.6厘米

印面长　4.5厘米

印面宽　4.3厘米

先秦货币一组

❶ **弧足平肩空首布**
春秋战国（前770～前222年）

长　10厘米
宽　5.3厘米

❷ **"襄垣"平首布**
春秋战国（前770～前222年）

长　4.6厘米
宽　2.8厘米

❸　**蟻鼻錢**
戰國（前480～前222年）

長　1.9厘米
寬　1.3厘米

❹　**燕明刀幣**
戰國（前480～前222年）

長　13.8厘米
寬　1.7厘米

信
达
天
下

半两钱
秦（前221～前207年）

直径　2.7厘米

五铢钱
汉（前206～220年）

直径　2.5厘米

五铢钱范
汉（前206～220年）

长　8.5厘米
宽　9.4厘米

新莽货币一组

❶ 大泉五十
新莽（8～25年）

直径 2.7厘米

❷ 契刀五百
新莽（8～25年）

长 6.9厘米
宽 2.5厘米

❸ 货布
新莽（8～25年）

长 5.8厘米
宽 2.3厘米

❹ 货泉
新莽（8～25年）

直径 2.1厘米

南宋钱牌一组

❶　"準伍佰文省"钱牌

南宋（1127～1279年）

长　6.9厘米

宽　2厘米

❷　"準叁佰文省"钱牌

南宋（1127～1279年）

长　6.4厘米

宽　1.2厘米

北宋年间，四川地区出现了世界上最早的纸币——交子，由政府设交子务负责发行管理。南宋时，政府又发行一种可流通全国的纸币——会子。国家博物馆即藏有印制会子的"行在会子库"铜钞版。版面正中横书"行在会子库"，是会子的发行机关。上部左刻"大壹贯文省"，注明交子的面值，右刻"第壹佰拾料"，记录印刷的批次，中间方框内有五十六字，内容是政府制定的《伪造会子法》，以警示人们不可非法印刷交子。

南宋后期，严重的通货膨胀导致物价腾贵，市面萧条，纸币滞行，临安府不得不铸行钱牌以权会子之用。临安府所发行钱牌的材质分铜、铅两种，牌面有"临安府行用"五字，背面有记值的文字，如"準贰佰文省""準叁佰文省""準伍佰文省"等。"準"的意思是抵算、折价，"省"则是"省佰"之意，即以不足百数之钱，当做百数使用。宋代省佰制度规定以七十七文为百，据此可知，"準壹佰文省"钱牌可当铜钱"一百五十四文"，"準叁佰文省"钱牌可当铜钱"二百三十一文"，"準伍佰文省"钱牌可当铜钱"三百八十五文"。

❸　"準壹佰文省"钱牌

南宋（1127～1279年）

长　4.2厘米
宽　1.3厘米

"至顺四年"铜权

元（1271～1368年）

高　11厘米

长　5.5厘米

宽　4.2厘米

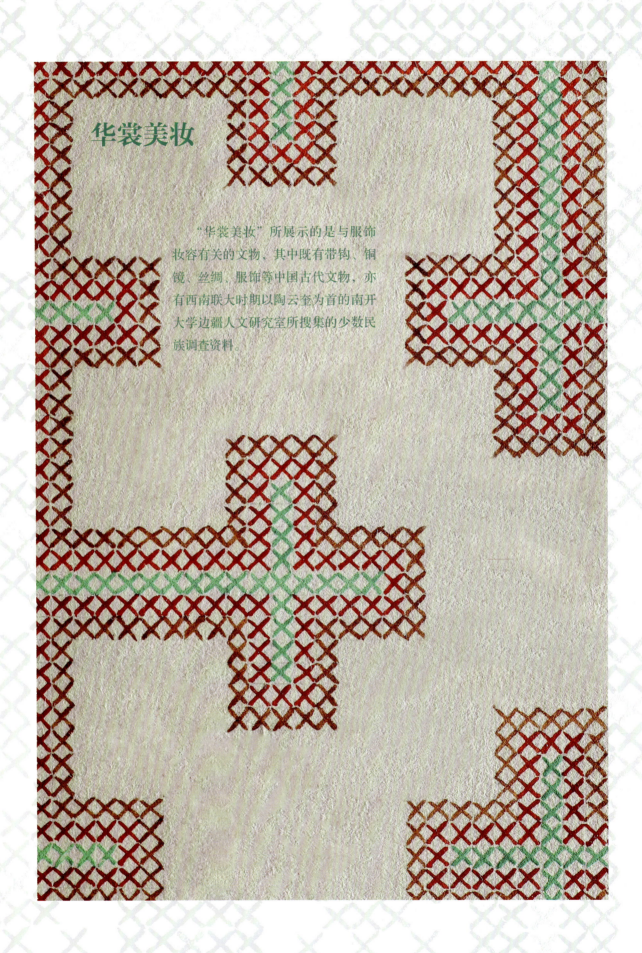

华裳美妆

"华裳美妆"所展示的是与服饰妆容有关的文物、其中既有带钩、铜镜、丝绸、服饰等中国古代文物，亦有西南联大时期以陶云奎为首的南开大学边疆人文研究室所搜集的少数民族调查资料。

带钩是带上所用之钩，古时主要用于束带，作用类似现今的皮带扣。带钩的造型，一般可分为钩首、钩纽和钩体三部分，其通常的使用方法是将钩纽固定在革带一端，然后以钩首钩住革带另一端的孔或环，从而达到束紧腰带的作用。带钩流行于战国至两汉时期，多由金、银、铜、铁、玉等材质制成，有些带钩还使用鎏金、错金银、嵌绿松石等手段进行装饰。

这件带钩为青铜铸造，表面鎏金，鎏金是将金和水银合成金汞剂，涂在铜器表面，然后加热使水银蒸发，金就附着在器面不脱。带钩钩首似为蛇头，由一盘曲的兽构成长圆形钩体，盘兽有鼻、有目、有耳、有爪，尾部形成一略凹的同心圆，原来可能有嵌饰。

兽形鎏金铜带钩

战国（前480～前222年）

长　8.8厘米

宽　4.2厘米

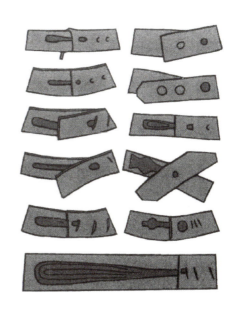

秦始皇陵兵马俑佩钩示意图

图片来源　王仁湘：《善自约束——古代带钩与带扣》，上海古籍出版社，2012年，206页。

丝绸一组

❶ 条纹锦

唐（618～907年）

长　9.8厘米

宽　5.9厘米

❷ 晕繝提花锦

唐（618～907年）

长　9厘米

宽　8.5厘米

❸ 绛地印花纱

唐（618～907年）

长　18.1厘米

宽　4.8厘米

海兽葡萄纹铜镜

唐（618～907年）

直径　9.5厘米

"湖州真石家" 铭铜镜

宋（960～1279年）

直径　16.5厘米

铜镜是古代人们用来照面的用具。我国从青铜时代初期就出现了铜镜，历经商周、秦汉、唐宋，以迄明清，直到近代才被玻璃镜取代。北宋时，因避宋太祖祖父赵敬的名讳，改称镜鉴为"铜鉴"或"照子"。宋代多用高足家具，铜镜可固定于梳妆台上，镜背不经常被看到，因而装饰趋简，背面常平素无纹，只铸商标字号，如"饶州上巷周小三家炼铜照子""真石六叔炼铜照子"等。

"湖州真石家"铭铜镜呈八出葵花形，镜右侧有长方形印铭两纵行、十个字"湖州真石家，二叔店照子"。湖州是宋代制镜中心之一，石氏是湖州著名的制镜世家，这种带有产地和商家字号铜镜的出现，反映出宋代商品经济的极度繁盛。铜镜也出现在许多宋画之中，如《妆靓仕女图》描绘的是宋代女子对镜化妆的场面，我们可以从中了解当时铜镜及其镜架的使用方式。

南宋绢本《妆靓仕女图》

图片来源　陈雪亮：《唐五代两宋人物名画》，西泠印社出版社，2006年，第100页。

仙阁人物杂宝纹铜镜

明（1368～1644年）

直径　11厘米

黄地缂丝龙袍

清（1644～1911年）

通袖长　121.2厘米

衣长　　139厘米

下摆长　114.5厘米

龙袍为皇帝专用的袍服,又称龙衮,因袍上绣龙纹而得名。龙袍的颜色很有讲究,周代崇红,秦代尚黑,汉灭秦后则崇尚黄,汉文帝所穿的龙袍第一次采用黄色,其后长期以黄色为主,以明黄为最高贵。龙袍做工有刺绣、缂丝之分,尤以缂丝工艺最为复杂,缂丝是一种"通经断纬"的织造工艺,可以营造出犹如雕琢缕刻的效果。

南开大学博物馆藏的这件黄地缂丝龙袍主体纹样由龙纹、祥云纹、江崖海水纹等吉祥纹饰组成。其中,龙共有九条,有四条正龙绣在前胸、后背及两肩,前后衣襟则各绣有两条行龙,另有一条行龙绣在衣襟内,使得龙袍从前、后两面都只能看到五条龙,寓意"九五之尊"。值得注意的是,这件龙袍前胸正龙左前爪有一趾被挑去,与《大清会典》中"凡五爪龙缎立龙缎团补服……官民不得穿用。若颁赐五爪龙缎立龙缎,应挑去一爪穿用"的禁例完全契合。

海水江崖,亦作"海水江牙",是由水纹和山石等构成的纹样,位于龙袍下摆处,象征着江山一统,山河永固。海水江崖纹在明代龙袍上已有,至清代,海水江崖纹内容更加丰富,在龙袍上占据了更多的空间。

海水江崖纹演变示意图

图片来源 李晓君:《清代龙袍的时代特征和文化意蕴》,东华大学出版社,2014年,第73页。

南开大学致陶云逵聘书

民国（1911～1949年）

长　45.6厘米

宽　23.1厘米

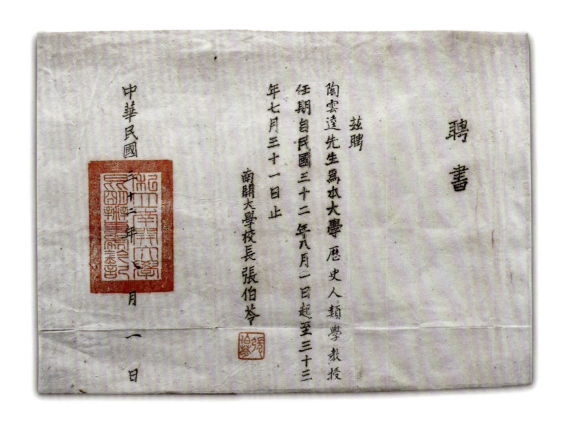

藏族加金织锦背云
民国（1911～1949年）

长　124.2厘米
宽　33.1厘米

华
裳
美
妆
———

西南联大时期少数民族服饰纹样图绘一组

纹样图绘一
民国（1911～1949年）

长　13.2厘米
宽　12.8厘米

纹样图绘二

民国（1911～1949年）

长　25.4厘米

宽　12.3厘米

华
裳
美
妆

纹样图绘三

民国（1911～1949年）

长　18厘米
宽　13.5厘米

西南联大时期少数民族刺绣纹样图绘一组

刺绣纹样一

民国（1911～1949年）

长　15.8厘米

宽　10.6厘米

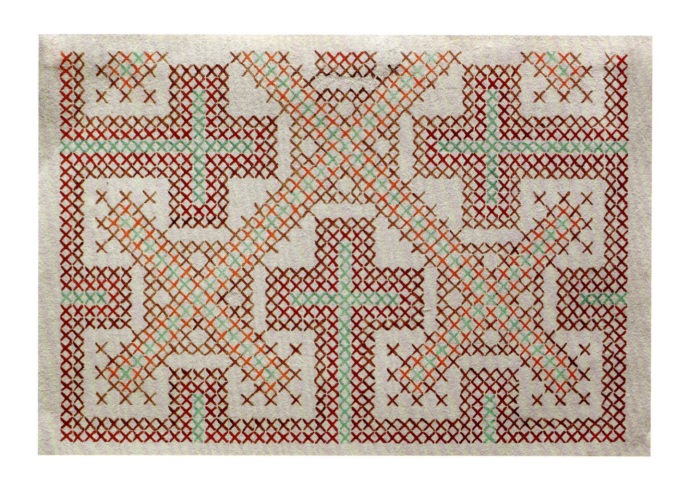

制绣纹样二

民国（1911～1949年）

长　16.9厘米

宽　10.3厘米

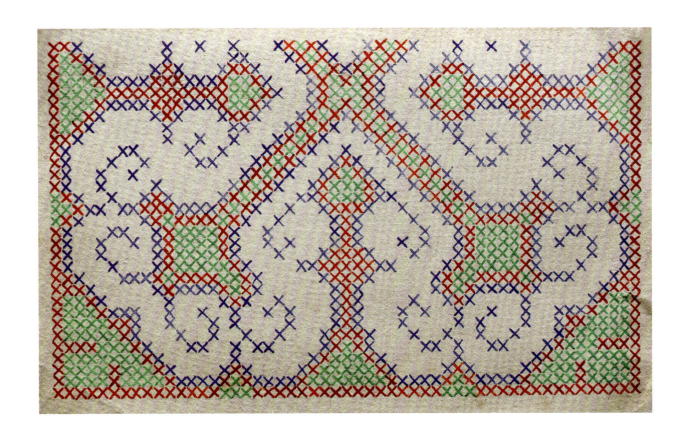

刺绣纹样三

民国（1911～1949年）

长　14.6厘米

宽　7厘米

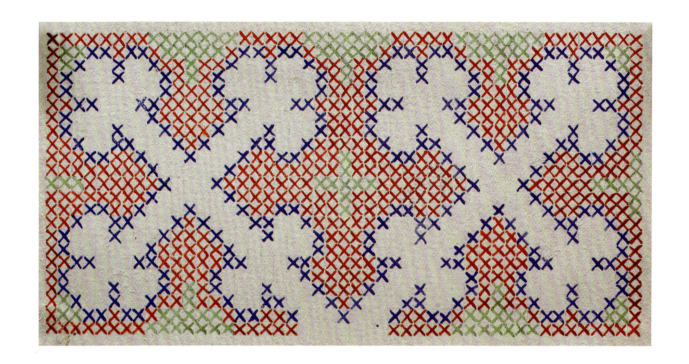

饮膳美器

　　"饮膳美器"所展示的是与古人饮食相关的文物，器类涉及粮食加工工具、炊器、饮食器、酒器等。除了中国文物以外，还有产自朝鲜半岛的高丽青瓷及朝鲜青花瓷。

饮
膳
美
器

石磨盘在旧石器时代已经出现，当时是研磨采集品的工具。农业产生以后，人们开始把石磨盘作为粮食加工工具。最早的石磨盘通常为两块天然的石头，下面的一块平面大且平，将谷物放置其上，再用一块形状近似圆柱的鹅卵石进行碾压和研磨。后来，人们渐渐将下面的石块加工成扁平的磨盘，将上面的石块磨制成棒。新石器时代，随着农业的发展，石磨盘和石磨棒就制作得更加规整和精致，其中尤以豫中裴李岗文化所发现的石磨盘最具代表性。

这件石磨盘就采集于裴李岗文化的重要遗址——新密莪沟，由黄砂岩琢制而成。石磨表面经过打磨，看起来平整光滑，底面边缘原有四个对称的短足，今仅残存一足。足与盘面为一个整体，由整块石料凿成，这意味着石匠必须将足以外的地方全部磨掉，这在当时的生产条件下是非常困难的。同时，石磨盘常随葬在女性身旁，表明当时粮食加工的任务多是由女性来完成的。

石磨盘

新石器时代裴李岗文化

（距今约8200～7500年）

长　30厘米

宽　24厘米

高　11厘米

新时期时代裴李岗文化石磨盘与石磨棒

图片来源　郑乃武：《河南郏县水泉裴李岗文化遗址》，《考古学报》1995年第3期。

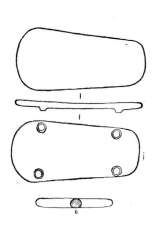

附耳三蹄足铜盖鼎

西汉（前206～8年）

通高　18.5厘米
口径　17.3厘米

饮
膳
美
器
————

丰城窑青瓷槅

南朝（420～589年）

高　　3.5厘米
直径　16.8厘米

白釉双龙柄盘口瓶

唐（618～907年）

高 35.7厘米

口径 6.9厘米

底径 10厘米

白釉花口盘

五代（907～960年）

高　　3.5厘米
口径　16.2厘米
底径　5.9厘米

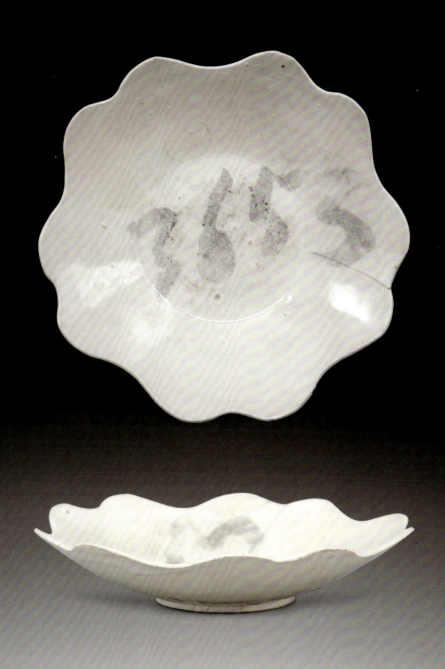

黄釉环梁鸡冠壶

辽（916～1125年）

高　　22.2厘米

底径　6.5厘米

建窑黑釉盏

宋（960～1279年）

高　　5.3厘米

口径　11.9厘米

底径　3.2厘米

点茶是宋代兴起的一种沏茶方法，即将茶末放在茶碗里，注入少量沸水调成糊状，然后再注入沸水，或者直接向茶碗中注入沸水，同时用茶筅搅动，茶末上浮，形成粥面。根据点茶法的特点，宋代兴起了斗茶之风，以汤色与汤花决胜负。汤色即茶水颜色，以纯白为上；汤花指汤面泛起的泡沫，以鲜白色为最佳，以长时间紧贴盏壁而不退散为上好，称为"咬盏"。白色的汤花在黑瓷茶盏中才最显清楚，故宋人推崇黑釉茶具，尤以福建建阳水吉镇所产的建窑黑盏最负盛名。

南开大学博物馆藏的这件建窑茶盏内外施黑釉，釉面可见褐色条纹线，俗称兔毫，其产生的原因，是在高温下富含铁质的釉料熔流形成的条状，在冷却时析出赤铁矿的结晶。该盏的造型亦颇符合斗茶的需要，厚重的胎体有利于茶水保温，较宽的盏底则便于使茶筅搅拌时不妨碍用力击拂。

山西汾阳东龙观宋金墓葬中即有一幅壁画生动展现了点茶情景。壁画上绘有两位侍者，一位侍者手持茶托与茶盏，另一位侍者持茶筅在茶盏中搅动，旁边桌子上放有点茶用的长流汤瓶，这所表现的正是点茶的情景。

山西汾阳东龙观宋金墓壁画

图片来源　山西省考古研究所汾阳市文物旅游局：《2008年山西汾阳东龙观宋金墓地发掘简报》，《文物》2010年第2期。

高丽刻莲瓣纹青瓷碗

高丽王朝（918～1392年）

高　　7.9厘米

口径　16.9厘米

底径　6.5厘米

高丽象嵌花果纹青瓷碗

高丽王朝（918～1392年）

高　　8.2厘米

口径　19.2厘米

底径　5.4厘米

饮
膳
美
器

　　高丽是朝鲜半岛古代王朝之一，从公元918年至1392年，高丽王朝在朝鲜半岛的统治维持了近500年。高丽青瓷是高丽王朝瓷器中的代表作，它是受中国唐宋青瓷影响而发展起来的，却兼采同期中国南北窑场不同品种之所长，集不同装饰技法于一身，特别是象嵌和铜、铁彩绘以及化妆土装饰技法在高丽青瓷中得到了独到的发展，形成了高丽青瓷独特的装饰风格。

　　这件象嵌花果纹青瓷碗对纹饰的表现就运用了高丽青瓷最具特色的装饰技法——象嵌，即先在瓷胎上阴线剔刻出花果纹饰，再以白色粉料填充其中，然后刮去堆填化妆土时溢出刻划阴地纹以外的部分，经过素烧，最后再罩青釉烧成。

　　高丽象嵌的全盛时期是在公元12世纪，这时的象嵌青瓷图案精美，风格活泼，往往黑白两色并用。譬如这件象嵌牡丹纹的青瓷罐，牡丹的花和枝叶就分别用白色和黑色两种粉料来表现。

象嵌牡丹纹青瓷双耳罐

图片来源　刘毅：《中国出土高丽青瓷的再研究》，《南开文博考古论丛》，中国社会科学出版社，2014年，第241页。

霁蓝釉堆塑螭虎纹蒜头瓶

明（1368～1644年）

高　　18.5厘米

口径　2.6厘米

底径　6.6厘米

康熙款粉彩诗文花卉杯

清（1644～1911年）

高　　4.9厘米

口径　6.5厘米

底径　2.6厘米

饮
膳
美
器

乾隆款青花番莲梵文高足碗

清（1644～1911年）

高　　13.3厘米

口径　14.8厘米

底径　7.2厘米

光绪款胭脂水八仙纹碗

清（1644～1911年）

高　　　7.5厘米

口径　　22.2厘米

底径　　8.9厘米

安居诗礼

　　"安居诗礼"所展示的是与古人起居生活相关的文物，其中既有瓦当、陶水管等建筑用陶，也有灯盏、行灯、枕头等起居用品，亦有砚台、笔筒、香炉等文房清供。

瓦当一组

❶ "长生无极"瓦当
汉（前206～220年）

直径　7.3厘米

❷ "长乐未央"瓦当
汉（前206～220年）

直径　5.5厘米

"上林宫"铭铜行灯

汉（前206～220年）

通高　7厘米

盘径　8.3厘米

铭文　上林宫铜行灯，重十二两，阳朔二年，工李驭造。

安
居
诗
礼

五角形陶水管

汉（前206～220年）

口径　18.2厘米

长　　38.9厘米

古人很早认识到排水对城市卫生、安全的重要性，在距今4000多年前的河南淮阳平粮台遗址内，就发现有一组埋于地下的陶质排水管，这是中国发现时代最早的排水管道。夏商和西周时期，城市中已经出现比较系统的排水网络。春秋战国时期，排水管道的规模更加扩大，在很多情况下都是多排陶管并用，水管的形制也更加复杂，出现了断面为五角形的陶水管。至于汉长安城，在建城初期就规划有由护城河和明渠、排水管道组成的排水系统，城中陶水管的截面有圆形和五角形两种，圆形的排水管道时代要早于五角形的排水管道。

这件五角形陶管的年代亦为汉代，我们可以发现它的前后两端都是平沿，没有榫卯结构，且口径大小相同，说明五角形陶水管是以对接的方式进行连接的，即前一节陶管的尾端与后一节陶管的首端并列放置，尽量减少相互之间的空隙，从而形成管道。管道之间有时空隙较大，则用砖瓦碎块进行填塞。

近年来考古发掘也有保存较好的排水遗存，如汉长安城武库遗址的成段排水遗迹。汉长安城武库是西汉中央政府储存武器的仓库，在武库五号建筑遗址附近发现有两条排水管道，一条为四排圆形管道，一条为两排五角形管道，二者都是西汉时期修筑的，前者可能建于西汉初年，后者为西汉中晚期重修。

汉长安城武库遗址排水管

图片来源　张建锋：《汉长安城地区城市水利设施和水利系统的考古学研究》，科学出版社，2016年。

丰城窑青瓷灯盘

南朝（420～589年）

通高　7.1厘米

盘径　11.2厘米

磁州窑绿釉划花瓷枕

金（1115～1234年）

高　11.4厘米

长　30厘米

宽　21厘米

青花双螭耳三足炉

清（1644～1911年）

通高　18.5厘米
口径　10.2厘米

安
居
诗
礼

仿汉未央宫东阁瓦砚

清（1644～1911年）

长　26.5厘米
宽　16.35厘米

安
居
诗
礼

砖瓦砚兴于宋代，以秦汉隋唐时期建筑所用的砖瓦为砚，独树一帜，但流传至今的古瓦砚数量很少。

南开大学博物馆藏的仿汉未央宫东阁瓦为清人仿古之作，砚为陶质，古朴凝重，质地坚紧细密。正面下凹为砚池，上方隶书"茅茨咸息，土木侈兴，工垂职旷，公输伎胜，阿房随烬，未央继零。基迹荒芜，甄陶迹精，贞坚害朽，隐显相承。龙壁结邻，端石避清。奢靡致殆，朴素流馨。贻厥孙谋，鉴兮劝惩。岱翁书"，印文"汉国"；左、右篆书有"制古甓供芸窗精玩"和"作新铭蒙燕翼珍藏"；下方隶书"鸩炎祚祚精

陶，擅文房房珍袭"。砚背中央有三行阳文隶书，即"大汉十年""未央宫东阁瓦""酂侯萧何监造"，未央宫是公元前200年由萧何亲自监督修成，为西汉王朝最主要的宫殿。

至明清，复古风气日重，仿品瓦砚大量出现，如未央宫瓦砚、长乐宫瓦砚、石渠阁瓦砚、羽阳宫瓦砚、邺城铜雀台瓦砚、冰井台瓦砚等。仿汉石渠阁瓦砚为长方形，圆形砚堂。背面镌刻乾隆御铭"其制维何，致之石渠。其用维何，承以方诸。研朱滴露润有余，文津阁鉴四库书，乾隆御铭"且"会心不远""德充符"两方印。

仿汉石渠阁瓦砚

图片来源　故宫博物院

安
居
诗
礼

三界融通

叁

自古以来，死亡、来世生活和死后世界等问题一直都为人类所关注，人们往往从神话传说、宗教、丧葬中去寻找答案。生死观是人类文化的重要内容，在不同地区、不同民族、不同历史时期，人们对待生死有着不同的看法，也就形成了各式各样的信仰与葬俗。生时，人们通常会去建构一种超越性的理念，然后努力摆脱世俗的限制，去获得某种意义上永恒的不朽，这便是信仰。死后，则认为是到另外一个世界中继续生活，故古人有"事死如事生"之做法，备各类随葬品以满足死者日常起居之需求。本单元通过"事死如生""梵音法鼓""神人之际"三个部分，展示古人对待生死的态度。

事死如生

　　"事死如生"展示了中国古代墓葬中陪葬的各类明器。有各个时代的俑类、动物类、生活类明器，也有体现古代灵魂观和丧葬民俗的魂瓶。

"俑"一字出自《孟子·梁惠王上》："仲尼曰：'始作俑者，其无后乎？'为其象人而用之也。"朱熹在《孟子集注·梁惠王上》中解释道："俑，从葬木偶人也。古之葬者，束草为人以为从卫，谓之刍灵，略似人形而已。中古易之以俑，则有面目机发，而大似人矣。"郑玄也解释"俑，偶

人也"，《类篇·人部》又对"偶"进行了进一步解释："偶，像人。"从这些记载来看，俑是对人样貌的一种象形性模拟。但随着丧葬行为的不断成熟与发展，俑的种类和内容也在不断扩大，各种动物俑也被包含进去，俑不单单局限于"偶人"。

春秋以后，人们开始用俑殉葬代替活人殉葬，俑为木、陶等材质，多成规模出现，如声势浩大的秦始皇兵马俑，但秦代俑类殉葬现象并不普遍。到了汉代俑类明器开始普及，在王侯将相等高等级墓中发现有大规模的陶俑随葬，种类丰富，涉及武士俑、骑兵俑、文吏俑、侍女俑、乐舞俑、宦官俑等。南开大学博物馆藏的两件西汉彩绘女俑与出土于汉景帝阳陵陪葬坑区域的仕女俑十分相似，为典型的汉代形制。这两件女俑人物比例准确，面部和全身施白彩，原有彩绘已经脱落。身穿三重曲裾深衣，头发中分开缝分到两侧，颈后集为一股垂髻。

塑衣式彩绘跽坐女俑
西汉（前206～8年）

高　　31.8厘米
底长　16厘米
底宽　13厘米

塑衣式彩绘女俑

西汉（前206～8年）

高　55.5厘米

宽　15.8厘米

厚　11.2厘米

黄釉男立俑

隋（581～618年）

高　　　30.1厘米

底座长　5厘米

底座宽　5.5厘米

彩绘仪卫俑

唐（618～907年）

高　　　　72厘米

底座长　　21.5厘米

底座宽　　14.5厘米

俑类通常成规模进行随葬，这种随葬方式一致延续到明清，此时俑类明器的随葬制度更为标准化，几乎皆为仪仗性质，基本上是按照等级差异安排种类和数量。

唐代文化包罗万象，唐俑在这种社会文化背景下，带有丰富的少数民族及外来文化因素，充分体现了中古外来文化的兼容并蓄精神。

南开大学博物馆藏的这件彩绘仪卫俑较为高大，面相端庄，身姿挺

拔。头戴介巾帻，身穿交领宽袖襦袍，外披裲裆铠，下穿裤褶，足着云头履，拱手立于台座上。此件仪卫俑与文吏俑形象十分相似，区别是该俑身穿裲裆铠，裲裆铠为军队主要装备，而文吏俑多穿交领长袍。

如下图，中国国家博物馆藏的一对拱手文武吏俑，二俑身穿交领宽袖袍，足着褐色云头履，拱手于胸前。其中文吏俑头戴介帻，武官头戴鹖冠，外罩裲裆铠。

陕西省西安市东郊灞桥独孤思贞墓三彩拱手文武吏俑

图片来源　中国国家博物馆编：《中国国家博物馆馆藏文物研究丛书·陶俑卷》，上海古籍出版社，2015年，第130页。

彩绘骑马俑

唐（618～907年）

高　29.9厘米

长　21.5厘米

宽　9.7厘米

彩绘女俑
唐（618～907年）

高　　36.7厘米
底长　9.4厘米
底宽　8.2厘米

事
死
如
生

初唐侍女造型受隋代影响，整体清瘦，比例略欠协调。到了盛唐，女俑造型风格开始向丰腴发展，姿态也更为生动活泼。南开大学博物馆藏的唐代彩绘女俑头梳倭堕髻，该发髻为盛唐时期女子的流行发式，身穿长衫，足着尖头鞋。女俑体态丰满，眉目清秀，面部圆润，为典型的唐代妇女形象，体现了唐代妇女以丰润为美的体态特征。

单刀髻

双鬟髻　　　　　　　双刀半翻髻　　　囚髻

高螺髻　　　　半翻高髻　　　　双垂髻　　　球形髻

唐朝女子发型

图片来源　中国国家博物馆编：《中国国家博物馆馆藏文物研究丛书·陶俑卷》，上海古籍出版社，2015年。

彩绘骑马俑

唐（618～907年）

高　31.5厘米
长　23.5厘米
宽　8.7厘米

彩绘骆驼俑

唐（618～907年）

长　57.8厘米

高　31.6厘米

宽　20.7厘米

骆驼是古代丝绸之路上的重要交通工具，骆驼俑是唐代墓葬中较为常见的明器。此件骆驼俑体型硕大，腿部残缺，作嘶鸣状，单峰上的驼鞍鞍鞯有连珠纹边饰，中央为一神兽形神像，牙齿外露，有一长舌。有学者认为这个神兽形象为火祆神图案，同时指出在祆教经典《阿维斯陀》中，骆驼是胜利之神和正义之神。段成武《酉阳杂俎》卷四描述了粟特人的祆教信仰："突厥事祆神，无寺庙，刻毡为形，盛于皮袋，行动之处，以脂酥涂之。或系之竿上，四时祀之。"此件骆驼俑正是展示了粟特人"无寺庙，刻毡为形，盛于皮袋"的祀祆方式。这件文物是粟特人在东西文化交流和丝绸之路贸易中贡献的有力依据，印证了祆教对于唐代文化和社会风貌的影响。

祆教，即琐罗亚斯德教，中国又称火祆教、拜火教，是古代波斯帝国的国教。粟特地处中亚腹地，粟特人属于伊朗系统的中亚古族人种，在中国历史上有昭武九姓等称呼。粟特人善于经商，大批粟特人从公元3～10世纪沿丝绸之路东来到中国，早期入华之后的他们信奉传统的琐罗亚斯德教，他们举办拜火仪式，在祆祠中举办祭祀活动。1999年在山西太原发现的隋代虞弘墓中，出土了浮雕精美绝伦的汉白玉石椁，上面的各类人物、动物、建筑等都是古代中亚社会的缩影。虞弘是中亚鱼国人，在北齐、北周和隋三代任官。其墓石椁座前壁画面正中为一束正燃烧火焰的束腰形火坛，两边各站立一人首鹰身的人，深目高鼻，须髯浓密，其中一手伸出，各抬着火坛一侧，应为祭司。石椁最显要的部分浮雕的这幅祭火图像，为了解来华粟特人的崇火、拜火方式提供了重要的图像资料。

隋代虞弘墓椁座前壁浮雕（局部）

图片来源　山西省文物局：《山西珍贵文物档案·11》，科学出版社，待版。

釉陶武士俑

南宋（1127～1279年）

高　37厘米

宽　12厘米

厚　10.9厘米

陶井栏

东汉（25～220年）

长　24厘米

宽　16.2厘米

高　11.8厘米

事
死
如
生

彩绘陶囷

汉（前206～220年）

高　　39.9厘米

口径　8.7厘米

肩宽　23.8厘米

陶囷为东周至秦汉时期墓葬中出土的储粮模型明器，是仿照地面上实用囷的形状缩小后制作而成，多呈筒形罐状。目前出土的这类陶囷中还发现有谷子、小麦、豆类等粮食作物。从史书记载和考古发掘实物来看，陶囷为圆筒形，陶仓则为方形，二者都为储粮模型明器，在考古发现时间上，陶仓略晚于陶囷。

孔子曰："之死而致死之，不仁而不可为也；之死而致生之，不知而不可为也。是故竹不成用，瓦不成味，木不成斫，琴瑟张而不平，竽笙备而不和，有钟磬而无簨虡。其曰明器，神明之也。"又曾子曰："夫明器，鬼器也。祭器，人器也。"明器无实用价值，仿照实用之物专门为丧葬用途而制，制作较为粗糙，不是日常生活中的器物，只出土于墓葬中，也不见于生活遗迹中，是随葬品的一种。汉代明器除人俑外，还有生活用具、建筑模型和动物俑等，种类繁多、功能齐全，可谓是"事死如事生"。墓主人用丰富的明器来表明自己的身份，彰显财富，也期望在往生世界继续享受这种富足生活与地位。

陶灶

图片来源　陕西省考古研究院：《临潼新丰——战国秦汉墓葬考古发掘报告》，科学出版社，2016年。

青瓷楼阁飞鸟人物堆塑罐

西晋（263～317年）

高　　43.4厘米

口径　13.1厘米

底径　13厘米

青白瓷人物云龙魂瓶

南宋（1127～1279年）

高　　　61厘米

口径　　8.6厘米

底径　　12.6厘米

事
死
如
生

堆塑罐，又有"谷仓罐""魂瓶"等名称，基本形制和功能应来源于五联罐，有为墓主人提供食物之寓意。随着发展，堆塑罐逐渐融入民间葬俗文化，已经远超出了单一的谷仓功能。此件青瓷楼阁飞鸟人物堆塑罐为汉晋时期墓葬中常见的随葬明器，为青瓷质地，上部分堆塑有门阙楼阁、龙头、仙人像、飞鸟走兽等，下部罐的颈腹间堆塑乐伎杂耍等。堆塑罐内涵丰富，上面的楼阁建筑和乐伎杂耍，再现了墓主人生前部分生活场景，反映了当时人们的生活环境与建筑风格，同时高耸的楼阁建筑与飞鸟也体现了当时人们的升仙思想，是灵魂观念的一种表现形式。

就目前的考古发掘资料来看，魂瓶最早出现应该是在东汉中晚期，盛行于六朝，而后逐渐衰落消失；唐宋时期则随着瓷器的发展再度兴起，如影青堆塑瓶等，塔式罐也一度流行，其后魂瓶便日渐稀少。

从魂瓶器物的造型与发展来看，魂瓶一般由上下两部分构成，上部为集中贴塑、堆塑各种素材的区域；下部则为罐、瓶的主体，一般比较素净。魂瓶的造型由低矮、粗壮向高大、纤细型发展。南开大学博物馆藏的西晋青瓷楼阁飞鸟人物堆塑罐、南宋青白瓷人物云龙魂瓶也体现了这样的变化过程。

河北石家庄市井陉县北陉村
唐墓出土塔式罐

图片来源　张柏主编：《中国出土瓷器全集·河北卷》，科学出版社，2008年，第45页。

"康熙庚子年"铭青花墓志盘

清（1644～1911年）

高　　6厘米

口径　28.6厘米

底径　16.9厘米

铭文：（文字顺序从左到右）

没（殁）于乾隆甲寅十二月廿八巳时

生于康熙庚子十二月初九午时

清故郭母胥氏孝（学）世八孺人

孝男振/扶南孝孙七六五四三二大舆等

梵音法鼓

　　"梵音法鼓"展示了各个时期的佛教文物。其中不仅包含了中原佛教文物，亦有与藏传佛教相关的造像与法器。

北魏延昌四年佛像

公元515年

高　9.6厘米

宽　4厘米

铜东方阿閦佛造像

元（1279～1368年）

高　10.5厘米

宽　6.3厘米

梵
音
法
鼓

铜观音造像

元（1279～1368年）

高　12.5厘米

宽　6.2厘米

铜白度母造像

明（1368～1644年）

高　　　13.1厘米

底座长　8.2厘米

底座厚　5.6厘米

白度母肤色洁白，为二十一度母之一，由于其眉心、手心、脚心各有一眼，共七眼，是为能观照世间一切众生之痛苦，增长寿命，故又有七眼佛母、七眼女之称。此件白度母铜像，各目微闭，颈佩项链，胸垂璎珞，佩戴耳环、手环、臂钏、脚镯。左手于胸前结说法印，右手施与愿印，结跏趺坐于莲座上。

藏传佛教中，度母又称多罗观世音，相传是观世音菩萨化身的女性菩萨，是受人崇拜的女神，形象仁慈美好，有白、黄、红、蓝、绿等度母，代表着修成正果的佛业，她光照一切众生，展示着爱与慈悲。度母共有二十一种，其中绿度母为二十一度母之主尊。

如下图清宫旧藏二十一救度佛母唐卡。画中主尊为绿度母，右舒式坐，周围环以二十位度母像。唐卡背后有白绫签，其上墨书汉满蒙藏四体文字题记，其中汉文为："乾隆四十六年十月二十三日，钦命章嘉胡土克图认看供奉利益画像二十一救度佛母。"

**清宫旧藏二十一救度佛母唐卡
及附白绫签**

图片来源　故宫博物院

铜观音造像

明（1368～1644年）

高　35.4厘米
宽　23.9厘米

梵音法鼓

黄釉释迦造像

明（1368～1644年）

高　54.2厘米

宽　22.3厘米

铜释迦造像

明（1368～1644年）

高　29.9厘米

宽　20.2厘米

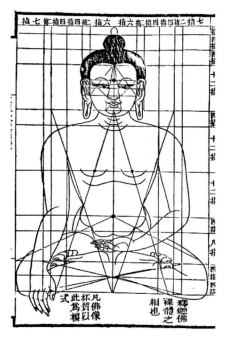

释迦牟尼，即佛教创始者悉达多·乔达摩之尊称，即"释迦族圣者"。南开大学博物馆藏的这件释迦身穿田相通肩袈裟，左手托钵，右手施与愿印，结跏趺坐。

佛造像的制作遵循着一定的规范和标准，其中《造像量度经》是佛教中佛造像量度的经典，书中按量度划出线格，对佛像各部分的比例进行了详细的论述。《造像量度经》中常用的量度为"指"和"扎"，其中"指"为中指的宽度，"扎"为拇指与中指张开之间的距离。

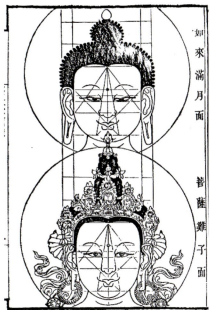

释迦佛裸体之相、如来满月面和菩萨难子面

图片来源 《造像量度经》，商务印书馆，1923～1925年。

藏式九宫八卦唐卡

15～16世纪

长　　　　54.5厘米
宽　　　　39.7厘米
画心长　　30.2厘米
画心宽　　24厘米

梵音法鼓

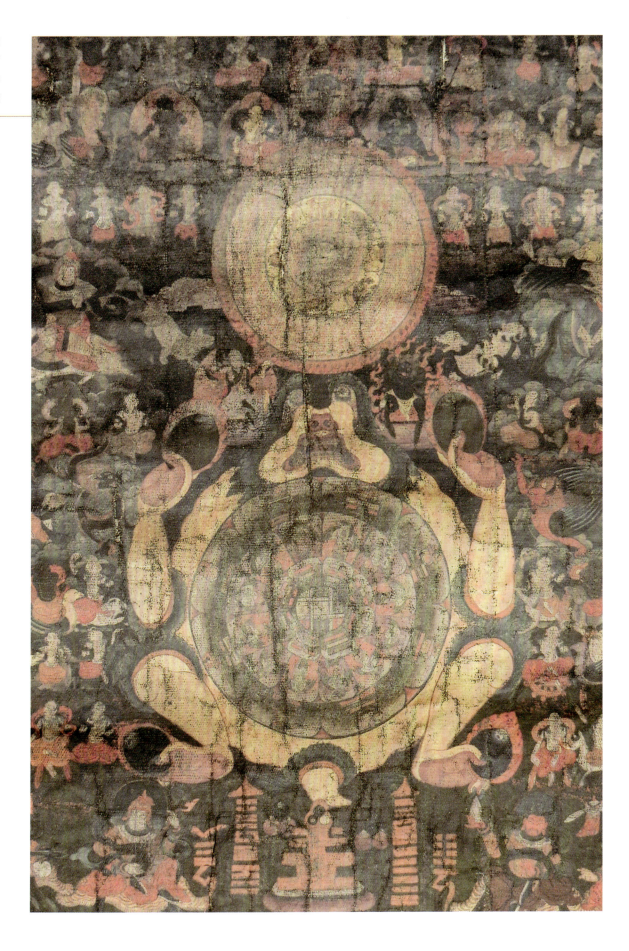

吉祥天母唐卡

18世纪

长　　　69.4厘米

宽　　　41.5厘米

画心长　42厘米

画心宽　29.5厘米

梵音法鼓

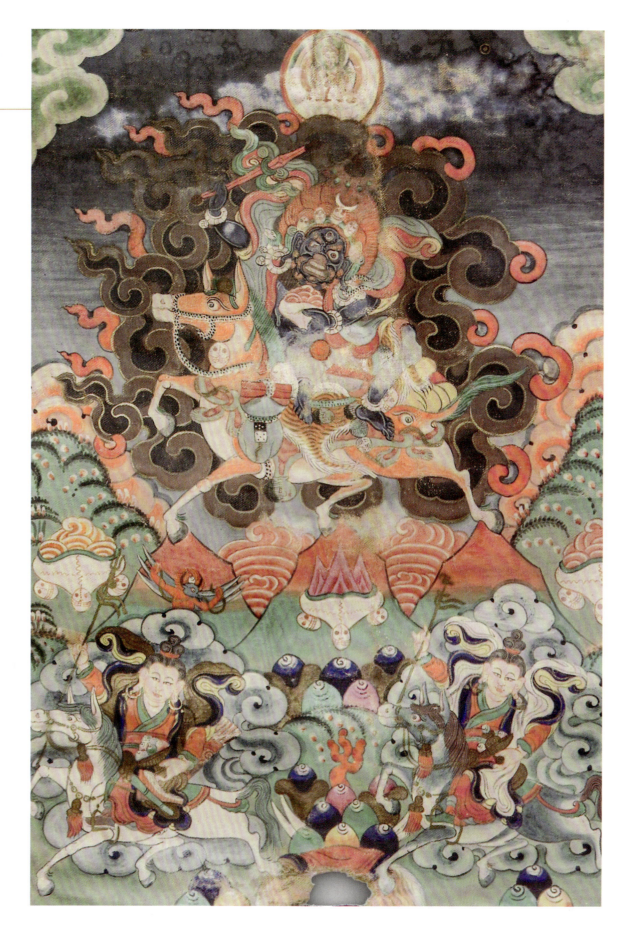

金刚杵

清（1644～1911年）

大者长　11.5厘米

小者长　10.8厘米

梵
音
法
鼓

金刚杵是举行宗教活动做法事时使用的器物，其造型来源于印度佛教法器，奇特精美，数量众多，但不外乎修息、增、怀、诛四法。其中息为息灾，法器多为白色；增为增益，多为黄色；怀即怀爱，多用红色；诛为诛魔，多用黑色。藏传佛教的法器大致可以分为礼敬、称赞、供养、持验、护身、劝导六类。藏传佛教法器质地各异，大多以金、银、铜为主，也有木、骨、石、象牙、布、丝织、锦缎等质地。

金刚杵属于持验类法器，即佛教密法修持所使用的法器。金刚杵象征着坚不可摧、所向无敌的智慧和真如佛性，可以断除烦恼，降妖除魔。金刚杵中间为把手，两端有独股、二股、三股、四股、五股、九股等刃头。这两件即为五股金刚杵，是最为常见的造型。金刚杵与金刚铃搭配使用，金刚铃也属于持验类法器，有独股铃、三股铃、五股铃等，有些柄端装饰有佛头或观音，修法时摇晃，令彼等欢喜、警觉。杵属父，为阳性，代表方便；铃属母，为阴性，代表智慧。

明永乐款铃杵

图片来源　故宫博物院编：《清宫藏传佛教文物》，紫禁城出版社，1998年，第207页。

神人之际

　　"神人之际"中的器物展示了中国本土及埃及信仰文化，涉及了道教、民间信仰、旧时民俗等方面，还有一些则反映了少数民族信仰崇拜，展现了人们多元化的信仰。

珐华真武大帝造像
明（1368～1644年）

高　28厘米
宽　17.4厘米

此件真武大帝端坐，膝下为龟蛇二将护法。

珐华为瓷器装饰技法，据许之衡所著《饮流斋说瓷》载："法花之品，萌芽于元，盛行于明。大抵皆北方之窑，蒲州一带所出者最佳；蓝如深色宝石之蓝，紫如深色紫晶之紫，黄如透亮之金珀；其花以生物花草为多。"珐华为低温色釉，是在琉璃釉的基础上发展而来，以牙硝为助熔剂，颜色有蓝、绿、紫、黄、白等，以孔雀绿与孔雀蓝最具特色。明代是珐华器的鼎盛时期，多为山西所烧，山西珐华器为陶胎，陶胎珐华为釉陶，是在生坯上施釉一次烧成。景德镇在明嘉靖前后烧制珐华器，瓷胎珐华则先烧成瓷坯，然后再填彩烧成，需烧两次。珐华器立体感强，色泽鲜艳，主要为一些佛、道供具和生活用具。

绿釉食蛇雷公像

清（1644～1911年）

通高　32.7厘米
通宽　11.2厘米

神
人
之
际

五毒是中国民间盛传的五大毒物，指蜈蚣、毒蛇、蝎子、壁虎和蟾蜍。明沈榜《宛署杂记》第十七卷记载："五月女儿节（端午节），系端午索，戴艾叶、五毒灵符，……男子戴艾叶，妇女画蜈蚣、蛇、蝎虎、蟾为五毒符，插钗头。"端午节有避五毒之习俗，为民间旧俗。此件器物应是用来辟邪祈福。

端午节为每年农历五月初五，此时气温渐高，蜈蚣、蛇、蝎子、壁虎、蟾五毒和疠疫开始孳生，故五月又有"恶月"之称，而五月五日又称为"恶日"。故端午节，人们会有喝雄黄酒、于门上挂艾蒿、悬挂张天师画像等习俗以求辟邪祈福。

五毒铜长盘

明（1368～1644年）

高　1厘米

长　10.5厘米

宽　7.2厘米

车里摆夷文身画一组
民国（1911～1949年）

❶ **车里摆夷文身之猪王**（局部）

长　57.5厘米
宽　53厘米

❷　车里摆夷男子全体文身分布图

长　28.3厘米
宽　15.2厘米

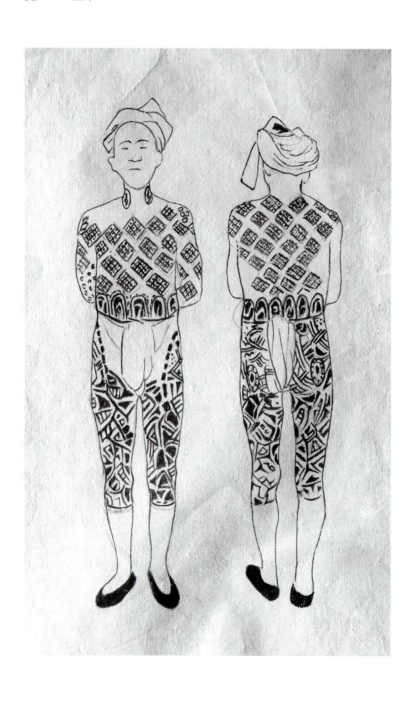

❸　车里摆夷文身之广溜牢

　　长　26.9厘米

　　宽　20.9厘米

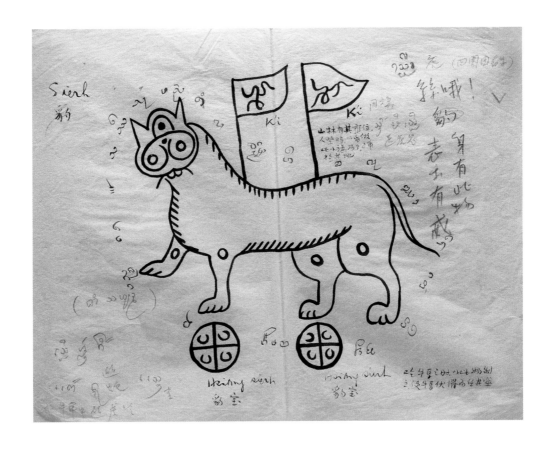

❹　车里摆夷文身之麒麟

长　26.9厘米

宽　20.9厘米

茂县羌民刻木图绘一组
民国（1911～1949年）

图绘一
长　6.5厘米
宽　6厘米

图绘二
长　6.8厘米
宽　4.7厘米

图绘三

长　12.9厘米

宽　11.9厘米

古埃及圣甲虫雕饰

古埃及新王国时期第18王朝阿蒙霍特普三世

（前1390～前1352年）

长　8.5厘米

宽　6厘米

高　3厘米

专论

南开大学博物馆藏"埃及古石蝉"考

南开大学博物馆　梁金鹏

内容摘要　本文对南开大学博物馆收藏的一件"埃及古石蝉"雕饰进行考证并释读其腹部的象形文字铭文，认为这件藏品应是清朝官员端方于1906年从开罗带回中国的古埃及阿蒙霍特普三世时期以"猎狮"为主要题材的纪念性圣甲虫雕饰。该雕饰以"法老的胜利"为主题，记录了一些重大的历史事件，不仅有很高的学术价值，在收藏史上也有着特殊的地位。

关键词　古埃及　圣甲虫　端方

南开大学博物馆的藏品中，有一件定名为"埃及古石蝉"的雕饰，长8.5厘米，最宽处6厘米，高3厘米。该雕饰由滑石雕刻而成，全身施了一层蓝绿色釉，因其年代久远，部分釉色已经剥落。其背面刻划了翅膀、眼睛、腿部等细节，头部边缘宽大扁平，有四个角形锯齿，排成半圆形（图1），头部至尾部穿有一小孔（图2）。其底部刻有古埃及象形文字铭文（图3），记载了阿蒙霍特普三世（Amenhotep Ⅲ，公元前1387～前1350年在位）在即位的前十年共射杀了102头狮子，并列举了他的出生名和加冕名，说明提伊（Tiyi）是他的皇后。"埃及古石蝉"雕饰装在一个长方形的木制匣子里面，木匣子长14厘米，宽7.9厘米，高6.6厘米，其盖子正面刻写有端方题记（图4），题跋云："光绪丙午购自开罗值二十五英镑，埃及五千年古石蝉，丁未八月端方记。"据原始资料记载，这件雕饰是一位清朝遗老捐赠给南开大学的，捐赠者姓名和捐赠年代不详。

"埃及古石蝉"雕饰是南开大学博物馆的旧藏，因端方题记有"埃及五千年古石蝉"字样，且形似中国古代的石蝉，故定名为"埃及古石蝉"。事实上，根据其形状和铭文内容判断，此物应与古埃及圣甲虫雕饰相关。本文在综合整理文物和文献资料的基础上，对这件雕饰的收藏

图1　"埃及古石蝉"雕饰背部

图2　"埃及古石蝉"雕饰头部

[1] 启功著，赵任珪、万光治、张廷银编：《启功讲学录》，北京师范大学出版社，2004年，第160页。

[2] 胡思敬：《国闻备乘》，《近代稗海》第1辑，四川人民出版社，1985年，第243页。

[3] 潘崇：《清末端方的古物收藏及藏品著述》，《国家博物馆馆刊》2011年第7期。

过程、认定及来源、社会功用及象征意义略作考证，认为其并非为"古埃及石蝉"，此雕饰应为古埃及阿蒙霍特普三世（新王国第18王朝）时期的纪念性圣甲虫（commemorative scarab）。根据端方题记的内容，该藏品应是端方在1906年回国途中所获。欲知其收藏过程，得先从端方和其收藏埃及文物说起。

一、端方及其古埃及文物收藏概述

端方（1861～1911），字午桥，号陶斋，谥号忠敏，满洲正白旗人；系晚清大臣，曾任陕西布政使、两江总督、直隶总督等职，是晚清著名的收藏家（图5）。端方在公馀，好事收藏，因其任职和踪迹所至，成为清代有数的收藏大家之一，举凡甲骨青铜、碑拓钱币、印章玉器、典籍书画，无不在其收罗之列[1]。端方身居高位，再加之刻意搜求，所藏文物数量剧增，且有不少重器，如毛公鼎、昌化十二石、宋刻《资治通鉴》等，其藏品数量已难以详考。据胡思敬言，其移任时，"所蓄玩好书画碑帖数十车，运之不尽"[2]。端方不仅仅限于收藏，他延揽了当时一大批著名的收藏家，如李葆恂、杨守敬、况周颐、龚锡龄、李详、陈庆年等人，委托他们将自己的藏品著录成册[3]，编著有《陶斋藏石目》《陶斋藏石记》《陶斋吉金录》《陶斋古玉图》等书。

端方曾任出洋考察政治大臣，出国考察期间在各国搜罗诸多古物，曾购得十七国珍贵之币一宗，其中金银铜镍等各种币制皆备，辑

图3 "埃及古石蝉"雕饰底部

图4 装"埃及古石蝉"的雕饰的木制匣子

图5 端方像

〔美〕威廉·埃德加·善洛著，晏奎译：《扬子江上的美国人——从上海经华中缅甸的旅行纪录1903》，山东画报出版社，2008年。

有《泰西各国金币拓本》一卷。有人誉端方为"近代收藏外国文物第一人"[4]，他所收藏的外国古物中就一批埃及文物。1905年，清廷委派端方等人出使西方考察宪政，12月7日，端方和戴鸿慈等人从秦皇岛出发，历访美国、英国、德国、意大利、奥地利等九国，于次年八月回国。出洋考察团归国途中，经塞得港时，端方登岸前往埃及开罗，停留了一天。端方去开罗之事，此次出洋考察与端方同行的戴鸿慈在日记中记述到："是日，午帅往埃及（Egypt）开卢（Kairo，今译开罗）一游，约以明日早至红海口，仍下船。"[5]端方随行带了中国拓墨能手，用宣纸和银朱在那里拓了不少石碑，并购买了原石，总数约40件，最大的有木乃伊像、埃及王像等，都高达六、七尺[6]。据《端忠敏藏埃及碑像》记载："端忠敏藏埃及碑数十石，多象形文字若禽鱼亭台云物之属，又有古王及后像……忠敏题云，盖五千年外物，此实忠敏于光绪乙巳考察宪政至欧洲而得之也。"[7]有正书局曾据端方所藏出版影印了图册《埃及五千年石刻》，共收45张图片，此图册是研究端方所拓古埃及石刻的重要资料。国家图书馆所藏《陶斋所藏石刻》手抄本的末尾附有"埃及等国运来各种石刻古象等件"，记录了端方所藏国外石刻的数量，共101件："埃及石刻36种；希腊古陶器7种；意大利古料器7种，古墨画1种；埃及小人12件，小印14件，瓦石等器24件。"[8]由此可见，端方所藏国外石刻中，有大量埃及古物，数量达86件之多。

宣统元年（1909年），四川爆发了"保路运动"，端方出任川汉、粤汉铁路督办，入川镇压，在资州被起义新军所杀。端方死后，其收藏的古物大量散佚。1916年，端方之子继先禀称内务府，"家藏古物，谨述先志，呼恳收归国有"[9]。后因端方所藏古物多已散佚，无从汇辑，政府亦缺乏财力，端方所藏终未收归国有，除了一些名器有所记载，更多的则散落民间。端方自埃及带回的木乃伊像等埃及古物也多有散佚，曾有8件类似于陶俑的"夏勃梯"存于北京大学历史系[10]，现存6件，藏于北京大学赛克勒博物馆。赛克勒博物馆还收藏了5块刻有拉丁文的古埃及墓碑和四块刻有象形文字的古埃及石碑[11]。国家博物馆在2005年从库房中整理出40多块古埃及石碑的复制品和3具人形木棺[12]。还有一些存于民间收藏家之手，如著名书画家李苦禅，曾购得《陶斋所藏石刻》一书，根据此书搜觅得端方所藏埃及实物数件，有"埃及小瓦人"两件，蜣螂纽古印一件，埃及石刻拓片一册[13]。端方在出洋考察期间购买了上百件埃及文物，这也基本上是仅存于中国的一批埃及文物，除以上这些有据可查的，其余大部分则散落民间，不知所踪。

[4] 据董建在《端方题跋的古埃及石刻拓片——兼谈阳三老石堂画像题字相关问题》一文考证，此说有误，乾嘉时期的书画篆刻家黄易收藏古埃及石刻残石4件，清末金石学家张祖翼曾拓得美国斐尔士所藏埃及古石残片十余通而归。说端方为近代收藏古埃及石刻原物既精又多的第一收藏家，是可以成立的。

[5] 戴鸿慈：《出使九国日记》，第十二卷，湖南人民出版社，1982年，第260页。

[6] 阿英：《中国诗文中的埃及》，《文艺报》1956年第18期。

[7] 徐珂：《清碑类抄》第9卷，中华书局，1986年，第1160页。

[8] 佚名：《陶斋所藏石刻》手抄本，国家图书馆藏。

[9] 中国第二历史档案馆：《北洋政府收购端方所藏文物有关文件》，《民国档案》1995年第2期。

[10] 〔埃及〕穆斯塔法·埃尔·埃米尔：《介绍北京大学所藏夏娃勃梯象》，《文物参考资料》1958年第9期，第46页。

[11] 颜海英：《北京大学赛克勒博物馆所藏世俗体象形文字石碑考释》，《北大史学》，北京大学出版社，2004年。颜海英在此文提到有两块刻有象形文字的石碑，2006年在《国家博物馆的古埃及文物收藏》一文中称有4块刻有象形文字的石碑，按文章发表的时间顺序，本文以后者提供的数据统计为准。

[12] 颜海英：《国家博物馆的古埃及文物收藏》，《中国历史文物》2006年第4期。

[13] 李燕：《苦禅老人的收藏和收藏观》，《收藏家》1994年第2期。

二、馆藏古埃及雕饰的认定及来源

南开大学馆藏的这件古埃及雕饰，根据其形状判断，应为圣甲虫而非石蝉。圣甲虫即甲壳虫，学名蜣螂，埃及人视为圣物，推崇至极，视其为太阳神的化身，所以"圣甲虫"雕饰在古埃及的配饰、印章和护身符中，成为最常见的造型（图6）。端方可能看其形似石蝉，故起名为"埃及古石蝉"，这个定名有误，应为"古埃及圣甲虫"雕饰。

我国著名考古学家夏鼐曾见过这件古埃及圣甲虫雕饰，并为之查阅了参考文献，对其的名称和年代做出过判断。1981年9月9日，时任南开大学历史系主任的郑天挺派张锡瑛带着此物让夏鼐过目，夏鼐认为其为Amenhotep Ⅲ的scarab（刻有圣甲虫的宝石）[14]。张锡瑛曾在南开大学文物与博物馆学系任教，现已退休。笔者曾就此事采访过他，因年代久远，他已记不清夏鼐的原话，但能确定的是，夏鼐肯定了此物为真品。夏鼐是我国著名的考古学家，1939年获伦敦大学埃及考古学博士，是中国的第一位埃及学者，他的判断无疑是正确的。该圣甲虫雕饰底部铭文中有三个椭圆形符号（见图3），这种椭圆形符号被中国学者称为"王名圈"，古埃及人在书写法老的名字时，习惯将其用椭圆形框框起来，带有王名的椭圆形框也称"cartouche"[15]，常见于纪念物上的题刻或墓葬壁画中。从中王国（第11～14王朝，公元前2055～前1650年）开始，古埃及国王一般都有五个名字[16]，一个是出生名，另外四个是加冕名，五个名字中有两个名字写在王名圈里面，第一个王名圈的名字是加冕名，第二个王名圈的名字是出生名，这两个王名圈的名字配合在一起就可以明确判断该国王身份。另外，在王名圈前面还有一个头衔，以便表明身份。这件圣甲虫雕饰铭文第四行由左至右的第一个王名圈里面的符号意为"Nebmaatre（尼布玛阿拉特）"，前面两个符号为王衔名，意为"上下埃及之王名"；第二个王名圈里面的符号意为"Amenhotep（阿蒙霍特普）"，前面的两个符号为王衔名，意为"拉之子名"，前者是加冕名，后者是出生名，结合两个王名圈判断，该国王为阿蒙霍特普三世。

阿蒙霍特普三世是古埃及第18王朝的法老，在位38年，第18王朝在他统治期间达到了鼎盛。"埃及是如此的强大，以至于不可能有任何一个邻国敢对他发动战争。这位法老不像他的父亲那样有着卓著的战功和荣耀，他只好找另外的途径来显示他的王朝的强大和他本人的气概。"[17]他在位期间修建了包括阿蒙神庙、本人巨像和阿蒙霍特普祈灵殿等在内的诸多宏伟建筑。阿蒙霍特普在他统治的第十年下令制作了一系列大个纪念性圣甲虫（commemorative scarabs，图6），我们从圣甲

[14] 夏鼐：《夏鼐日记》卷九，华东师范大学出版社，2011年，第68页。

[15] "卡图什"是拿破仑远征埃及时，法国士兵给带有王名的椭圆形框的称呼。

[16] 王衔名分别是："荷鲁斯""金荷鲁斯""拉之子""两女神""上下埃及之王"。

[17] 〔美〕戴尔·布朗主编，迟俊常译：《埃及——法老的领地》，广西人民出版社，2002年，第97页。

虫纪念物上读到："计算一下陛下获得的狮子，（就是）从统治的第一年到第十年他自己狩猎了102只凶猛的狮子。"[18]阿蒙霍特普三世统治时期，有很多狩猎题材的记载，在其统治的第2年，他在魁纳干河附近进行了野牛狩猎活动，由军官、士兵和军队殖民地附近的军官后补生陪同。阿蒙霍特普三世在其统治的前十年间，还狩猎了许多狮子，这些情况都被详细地铭刻在一批圣甲虫纪念物上[19]。据统计，至今发现大概200多个这一时期的纪念性圣甲虫，数量最多的是刻画捕杀野牛、猎狮场景[20]，这些纪念性圣甲虫中的大部分都与猎狮有关。这一时期的纪念性圣甲虫大多数由滑石制成，表面涂了一层蓝色或绿色的釉，尺寸较大，长度在4.7～11厘米之间。南开大学博物馆藏圣甲虫雕饰的铭文也是跟猎狮有关，最后三行铭文记载了阿蒙霍特普三世在位的第一年至第十年间共射杀了102头狮子，其内容与阿蒙霍特普三世时期圣甲虫纪念上的猎狮内容完全一致。该圣甲虫雕饰为滑石制成，表面也一层蓝色的釉，长8.5厘米，尺寸较大，其材质、釉色、尺寸也均与阿蒙霍特普三世时期的纪念性圣甲虫相仿。笔者认为，南开大学博物馆藏的这件圣甲虫雕饰应该是古埃及阿蒙霍特普三世时期的以"猎狮"为主要题材的纪念性圣甲虫，也可称之为"猎狮圣甲虫（Lion hunt scarab）"。

　　南开大学博物馆藏的这件圣甲虫雕饰，根据端方题记，应为1906年端方在埃及获取的。端方不仅收藏古物，还延揽了一批当时著名的收藏家、鉴赏家把自己的藏品著录成册。如果能在端方藏品的著录中找到这件是圣甲虫雕饰，那就基本能断定该雕饰确为端方所藏之物了。笔者查阅了不同版本的端方的藏品著述，找到了一些重要线索。著名书画家李

[18]　〔美〕亨利·富兰克弗特著，郭子林等译：《王权与神祇：作为自然与社会结合体的古代近东宗教研究》，上海三联书店，2007年，第11页。

[19]　刘文鹏：《古代埃及史》，商务印书馆，2000年，第406页。

[20]　李宁利：《古埃及圣甲虫雕饰的象征意义研究》，《中山大学学报（社会科学版）》2012年第5期。

图6　记录阿蒙霍特普三世事迹的圣甲虫（椭圆形框内为阿蒙霍特普三世的名字）

Daphna Ben-Tor, *The Scarab: A Reflection of Ancient Egypt*, Israel Museum, 1989, pp.56-57.

苦禅曾在旧书肆以少许书资购得陶斋携回国的文物清单册，他曾开列了自己事业的备忘条目，其中有一条就是："对中国第一位考察并带回古埃及艺术文物的清代端方之功著文宣扬，并以手头现藏的端方的珍贵史料、拓片、题跋与携回文物之目录册等等披露于世。"[21]经查，李苦禅所说的这批资料尚未公布，但其子李燕曾这样描述这本文物清单册："系石青封面线装本，签题'陶斋所藏石刻'六字，册内系朱丝栏本，手写楷书有'前清……'字样，足见系民国初人所书。"[22]李苦禅根据这本文物清单册搜觅埃及实物数件，其中就有清单册所载"埃及印十三件"中的一件，绿色蜣螂钮古印，印面系古埃及文字（图7）[23]。圣甲虫学名蜣螂，此处所提到的应该就是一方绿色圣甲虫钮的埃及古印。"圣甲虫印（scarab seals）"是雕刻成甲虫形状的石印，实际上是一个甲虫刻像，在这种雕饰的腹部平滑处刻上印文，就成了圣甲虫印。纪念性圣甲虫也被称为是圣甲虫纪念章，阿蒙霍特普三世的圣甲虫纪念章就是在200多件印有他的纪念章的文件上发现的[24]。纪念性圣甲虫尺寸比较大，刻有较长的古埃及象形文字，是一种较大的印章。从外形看，南开大学博物馆藏的纪念性圣甲虫与李苦禅所藏的埃及蜣螂纽古印极为相似，且印面皆有古埃及象形文字，均为圣甲虫印。国家图书馆藏的《陶斋所藏石刻》书末附有"埃及等国运来各种石刻古象等件"，其中有埃及小印14件[25]。可见李苦禅和国家图书馆所藏的《陶斋所藏石刻》并不是同一个版本，但都记载了端方所藏古埃及印的数量，前者记录有"埃及印十三件"，后者记录有埃及小印14件。笔者认为，南开大学博物馆所藏的纪念性圣甲虫（圣甲虫纪念章）雕饰很可能是端方从埃及携带回国的十余件埃及印中之一件。

[21]　李燕：《苦禅宗师艺缘录》，学苑出版社，2002年，第55页。

[22]　李燕：《苦禅老人的收藏与收藏观》，《收藏家》1994年第2期。

[23]　李燕：《苦禅老人的收藏与收藏观》，《收藏家》1994年第2期。

[24]　胡忠良：《方寸阴阳：神秘的古代东西方印章》，中国文联出版社，2005年，第16页。

[25]　潘崇：《清末端方的古物收藏及藏品著述》，《国家博物馆馆刊》2011年第7期。

图7　埃及蜣螂纽印
李燕：《苦禅老人的收藏与收藏观》，《收藏家》1994年第2期。

三、纪念性圣甲虫雕饰的功用及象征意义

古埃及人唤作"圣甲虫"的动物其实就是蜣螂,也称"甲壳虫",它将卵裹在粪球里,并推着粪球向前滚动。最终圣甲虫的幼虫从粪球中被孵化出来,古埃及人认为甲虫生育不用雌雄结合,就像阿吞神(Atum)一样能够无性繁殖,故而甲虫的形象被给予了"重生"和"创造"的象征意义[26]。埃及将圣甲虫化身为科普瑞神(Kheper),此神长着甲虫样的脑袋,掌管重生和创造。甲虫把粪球朝着太阳的方向滚动,古埃及人把圆圆的粪球视为太阳的象征,把甲虫的这种习性视作是其在推着太阳行走(图8)。古埃及人认为圣甲虫就是太阳运行的原动力之一,这种象征意义在古王国时期已经出现,随之产生了古埃及太阳升起之神"海普瑞(Khepri)",被描述成一个甲壳虫头颅人,甲壳虫成了太阳神的化身(图9)。因此,自古埃及起,甲壳虫就被视为圣物,是古埃及艺术作品中极其重要的题材,圣甲虫雕饰成为古埃及配饰、印章、护身符中最常见的造型。圣甲虫雕饰最早可以追溯至第12王朝(约公元前1991~前1802年)[27],从公元前2000年左右一直持续到托勒密王朝时期(公元前332~前30年)。圣甲虫雕饰的功用比较广泛,绝大多数是护身符和辟邪物;有部分是官印,上面刻有官员的名字和官职;还有一部分用作重大事件的纪念物。有学者专门对圣甲虫雕饰做过分类

[26] 牛霞:《古埃及人的圣甲虫崇拜》,《大众考古》2015年第9期。

[27] William A. Ward, Scarab Typology and Archaeological Context, *American Journal of Archaeology*, Vol.91, No.4, 1987, pp.512, 507-531.

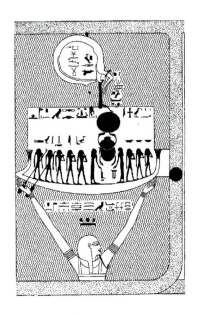

图8 "原始瀛水"中托举太阳的圣甲虫

中国社会科学院考古研究所编:《埃及考古专题十三讲》,中国社会科学出版社,2017年,第68页。

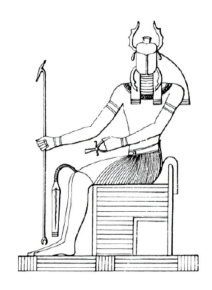

图9 太阳神"海普瑞(Khepri)"

Daphna Ben-Tor, *The Scarab: A Reflection of Ancient Egypt*, Tel Aviv: Sabinsky Ltd, 1993, p.9.

研究，分为五类，即"带有官员及王室成员姓名的圣甲虫、希克索斯式圣甲虫、心脏圣甲虫、带有众神姓名的圣甲虫、纪念法老胜利的圣甲虫"[28]。南开大学博物馆的古埃及雕饰当属于第五类，即以纪念法老胜利为主题的纪念性圣甲虫。

　　公元前1550年，阿赫摩斯（Ahmose I，公元前1555～前1525年在位）继承了他父兄的遗志，完成了驱逐喜克索人出埃及的任务，使埃及重新获得独立和统一，并建立了第18王朝，开始了新王国时期[29]。上下埃及统一之后，埃及人就把法老视为神的化身，在古埃及所有时期的艺术作品中，法老都以巨大的身躯、理想化的形象出现，他们以超自然的能力降服一切敌人和那些破坏国家秩序的人，使其臣服于自己的统治。"法老的胜利"作为王权至高无上的象征，成为古埃及艺术作品永恒的主题。圣甲虫雕饰同样表现"法老的胜利"这一主题，与其他圣甲虫雕饰不同的是，以此为主题的圣甲虫上刻画的场景和重大的历史事件相关联，是纪念历史事件的纪念物。

　　新王国时期（第18～20王朝，公元前1550～前1070年）出现了很多以"法老的胜利"为主题的纪念性圣甲虫雕饰，大多带有法老的名字，其中以阿蒙霍特普三世为最多，题材多表现国王击败敌人、狩猎的场景，用以纪念一些特殊事件。南开大学博物馆藏的古埃及雕饰就是阿蒙霍特普三世时期的纪念性圣甲虫，其腹部铭文的大概意思是："祝荷鲁斯永生，他强壮如公牛，为'两女神'的真理而生，他给上下埃及建立了法律让这两块土地和平安宁。金荷鲁斯，击败亚细亚人的强有力的统治者。上下埃及之王尼布玛阿拉特，拉之子阿蒙霍特普，底比斯的统治者，赠与其生机。伟大的国王之妻提伊，祝她永生。计算一下陛下所获得的狮子，（就是）从统治的第一年至第十年间他自己狩猎了102只凶猛的狮子。"铭文列举了阿蒙霍特普三世的五个名字，说明提伊是他的王后，还记述了他击败了敌人，狩猎了102头狮子等事件。阿蒙霍特普三世在其统治的第十年下令签发了一批纪念性圣甲虫，用以纪念他任内的一些特殊的历史事件，主要用于五个方面：首先是他与妻子结婚；他为妻子开挖了一个漂亮的人工湖；他的王子到他王宫；国王外出打野牛及猎狮活动[30]。南开大博物馆藏纪念性圣甲虫雕饰就记录了阿蒙霍特普三世的猎狮活动，也提到他的王后提伊，是这批纪念物中之一件。

　　阿蒙霍特普三世统治时期，古埃及达到鼎盛，他修建了阿蒙神庙等诸多宏伟的建筑以彰显他的统治权威，他签发的这些纪念性圣甲虫上不仅是为了纪念这些历史事件，也为了显示阿蒙霍特普三世的威信和荣誉，有一些纪念性圣甲虫记录了国王、王后所管辖的大片疆土。在底比斯、赛姆拉等地的铭文中，阿蒙霍特普三世被描写为"凶猛的狮

[28]　李宁利：《古埃及圣甲虫雕饰的象征意义研究》，《中山大学学报（社会科学版）》2012年第5期。

[29]　周启迪：《文物中的古埃及文明》，商务印书馆，2012年，第121-122页。

[30]　胡忠良：《方寸阴阳：神秘的古代东西方印章》，中国文联出版社，2005年，第16页。

子""强大的公牛",对敌人进行了大屠杀[31]。南开大学博物馆藏的纪念性圣甲虫铭文中也把阿蒙霍特普三世称为太阳神拉之子,提到了他的金荷鲁斯名"击败亚细亚人的强有力的统治者"。显然,这批纪念性圣甲虫就是以纪念"法老的胜利"为主题的圣甲虫纪念物,记录了阿蒙霍特普三世时期的重大历史事件,彰显了阿蒙霍特普三世至高无上的权威,是其在世俗社会中行使权力的象征。纪念性圣甲虫雕饰其实就是一种圣甲虫印,也称为圣甲虫纪念章,阿蒙霍特普三世所签发的圣甲虫纪念章就是后人在200多件印有他的纪念章的文件上发现的[32]。由此可见,印章是这批纪念性圣甲虫雕饰的社会功用之一。纪念性圣甲虫上刻有法老的名字,因此有人认为它可能是法老的护身符,以确保法老的任命权[33]。这些纪念性圣甲虫雕饰不仅分布在埃及,在叙利亚和南部苏丹也有发现,有人据此认为这些是圣甲虫如同王室的快报,被送至各省,通报法老的消息。相比死亡,古埃及人更看重能够永生,无论纪念性圣甲虫雕饰的功用如何,都有期许王权的永恒和死后灵魂能够转世、表示新生命和复活等意味,具有护身符的象征意义。

四、结语

通过文献的整理和铭文释读,我们发现南开大学博物馆藏的"埃及古石蝉"是清末大臣端方在1906年出洋考察期间途经埃及所获之物,但实非"埃及古石蝉",而应为古埃及阿蒙霍特普三世时期以猎狮为主要题材的纪念性圣甲虫雕饰。这类圣甲虫雕饰以"法老的胜利"为主题,其腹部的铭文记录了阿蒙霍特普三世时期重大的历史事件,彰显了阿蒙霍特普三世至高无上的权威,具有印章、法老护身符等功用,象征着王权的永恒和新生命的复活。南开大学馆藏的这件纪念性圣甲虫雕饰很可能是端方所藏十余件"古埃及印"中之一件,不仅具有较高的学术价值,在收藏史上也有着特殊的地位。端方所藏古埃及文物是国内仅存为数不多的古埃及文物,见证和反映了20世纪初中埃之间的文化交流,其中有些拓本还保存了埃及已经丧失的古代美术遗制,对这批古埃及文物进行收集、整理和研究,将有助于我们理解古埃及灿烂的历史和文化。

附记:张锡瑛老师在百忙之中接受了笔者的采访,回忆了当年他携此物让夏鼐过目之事,圣甲虫雕饰底部的象形文字释读多蒙天津师范大学袁指挥副教授、臧军赫相助,谨此致谢。

[31] 刘文鹏:《古代埃及史》,商务印书馆,2000年,第405页。

[32] 胡忠良:《方寸阴阳:神秘的古代东西方印章》,中国文联出版社,2005年,第16页。

[33] 李宁利:《古埃及圣甲虫雕饰的象征意义研究》,《中山大学学报(社会科学版)》2012年第5期。

南开大学博物馆藏绿釉食蛇雷公像考

南开大学博物馆　刘阳

内容摘要　南开大学博物馆藏绿釉食蛇雷公像题材罕见、造型奇特，但因原始信息佚失严重，使得其神格身份及功能寓意并不甚明了。本研究从食蛇雷公像的造型入手，结合历史文献资料，对其雷公身份予以再确认，并通过考察雷公与蛇的关系，认为食蛇雷公像所表现的既可能是以道教雷法治祟降魔的抽象概念，也可能是对《道藏》所记载食祟雷公的一种具象化。

关键词　食蛇　雷公　雷法　神怪

南开大学博物馆旧藏中有一件名为"绿釉食蛇雷公"的釉陶造像，因题材罕见、造型奇特而颇受关注，但因造像原始信息佚失严重，使得我们对其神格身份及功能寓意一直存有诸多疑惑，本文拟从食蛇雷公像的造型入手，结合历史文献资料，对该造像的身份与功用进行考察。

一、食蛇雷公像神格身份的再确认

南开大学博物馆所藏食蛇雷公像通体施绿釉，高32.7厘米，底座宽11.2厘米，厚8.3厘米。雷公呈蹲坐状，双手紧抓蛇头、蛇尾，尖喙吞噬蛇身，怒目圆睁，鼓腹袒露，筋骨毕现，可谓凶神恶煞（图1、图2）。从工艺特点和时代风格判断，该造像的烧制年代为明，却又未见同类出于明代墓葬，故推测其为庙中供奉之用。虽然被定名为"绿釉食蛇雷公像"，但它的造型确实与明代时常见的雷公（或曰雷神）形象有别，亦迥异于明代之前的雷公像，难免让人对其神格身份有所怀疑。

古代文献中所记载的雷神形象是多样化的，仅是面相就众说纷纭，甚至同一书中的描述也大相径庭。《山海经·大荒东经》云："东海中有流波山，入海七千里。其上有兽，状如牛，苍身而无角，一足，出入

图1　绿釉食蛇雷公像正面形象　　　　　　　　图2　绿釉食蛇雷公像背面形象

水则必风雨，其光如日月，其声如雷，其名曰夔。黄帝得之，以其皮为鼓，橛以雷兽之骨，声闻五百里，以威天下。"[1]此处描述的雷公形象是兽形，状如牛，谓之雷兽。而《山海经·海内东经》则构建出龙头人身的雷公形象："雷泽中有雷神，龙身而人头，鼓其腹。在吴西。"[2]成书于东晋的《搜神记》中，形容雷公"唇如丹，目如镜，毛角长三寸余，状似六畜，头似猕猴"[3]。这是最早的猴面雷公形象。唐人撰《酉阳杂俎》中的雷公形象也与之相似："有物坠如玃（大猴），两目睒睒。"[4]除了猴面雷公，唐代文献中的猪首雷神亦不少见，如《国史补》中的雷公"秋冬则伏地中，人取而食之，其状类彘"[5]；再如《投荒杂录·雷公形》记载："雷民图雷以祀者，皆豕首鳞身也。"[6]据《元史·舆服志》记载，元代出现了一种雷公旗："雷公旗，青质，赤火焰脚，画神人，犬首，鬼形，白拥项，朱犊鼻。"[7]雷公旗中所绘

[1]　袁珂校注：《山海经校注》，上海古籍出版社，1980年，第361页。

[2]　袁珂校注：《山海经校注》，上海古籍出版社，1980年，第329页。

[3]　（晋）干宝撰，鲁迅编录：《搜神记唐宋传奇集》，上海古籍出版社，1998年，第122页。

[4]　（唐）段成式撰，方南生点校：《酉阳杂俎》，中华书局，1981年，第81页。

[5]　陶敏：《全唐五代笔记·第一册》，三秦出版社，2012年，第852页。

[6]　（宋）李昉等编：《太平广记》卷三九四《雷二·陈义》引《投荒杂录》，中华书局，1961年，第3151页。

[7]　（明）宋濂等：《元史》，中华书局，1976年，第1962页。

之犬首雷公，不见于他处。至于明清，多元化的雷公形象已趋于统一，猴面鸟喙的雷公形象为民众所广泛接受（图3），正如如黄伯禄所言："今俗所塑之雷神，状如力士，裸胸袒腹，背插双翅，额具三目，脸如赤猴，下颏长而锐，足如鹰鹯，而爪更厉，左手执楔，右手持槌，作欲击状。"[8]

从绿釉食蛇雷公像猴面、鸟喙、鹰足、鼓腹及力士状的造型来判断，它与明代雷公造像的标准是相契合的，可能这正是其当初被如此定名的依据之所在。不过，相比于同时期的雷公像，该造像无肉翅且双手持蛇而噬的造型可谓相当罕见，但仅凭此并不足以否定其雷公身份。

翅膀之有无从来不是判定雷公身份的必要条件。早在东汉，王充就曾批判过当时存在的无翅雷公："飞者皆有翼……画仙人之形，为之作翼。如雷公与仙人同，宜复著翼，使雷公不飞，图雷家言其飞，非也。使实飞，不为著翼，又非也。"[9]而唐宋墓葬出土之人首鱼身俑、人首蛇身俑、人首龙身俑、猪首人身俑、鸟首人身俑等雷神俑也未见翅膀[10]。至于明清，也并非所有的雷公都有肉翅，道教中雷部众神的形象就多无翅膀[11]。

[8]　（清）黄伯禄：《集说诠真》，台湾学生书局，1989年，第289页。

[9]　（东汉）王充：《论衡·雷虚篇》，上海人民出版社，1974年，第101页。

[10]　白冰：《雷神俑考》，《四川文物》2006年第6期。

[11]　李黎鹤：《水陆画中的雷神研究》，《中华文化论坛》2016年第9期。

图3　明清时期典型的雷神像

禄是遒著，王惠庆译：《中国民间崇拜·第十卷》，上海科技文献出版社，2014年。

就古代造像的一般规律而言，造像的持物是判定其身份的重要依据。在考古资料已辨识出的雷公形象中，雷鼓、雷车、锥和凿是雷公最常见的象征物。甲骨文、金文中的"雷"字即是雷公击鼓之形[12]；汉画像石中有雷公乘坐雷车，身生双翼，击鼓前行的形象[13]，亦有雷公作力士状，挥舞手足，以四个鼓桴连续不断地击鼓[14]；明清以降，左手执楔，右手持槌的雷公形象已深入人心[15]。实物资料的确尚未见有食蛇雷公，但宋代文献《太平广记》却有两条关于雷公噬蛇的记录，其一曰："唐贞元年，宣州忽大雷雨。一物坠地，猪首，手足各两指，执一赤蛇啮之。俄顷云暗而失，时皆图而传之。"[16]其二曰："唐润州延陵县茅山界，元和春，大风雨，堕一鬼。身二丈余，黑色，面如猪首，角五六尺，肉翅丈余，豹尾；又有半服绛混，豹皮缠腰，手足两爪皆金色；执赤蛇，足踏之。瞪目欲食，其声如雷。田人徐俐，忽见惊走，闻县，寻邑令亲往睹焉。因令图写。寻复雷雨，翼之而去。"[17]可见，雷公食蛇的题材并非无例可循，据此来否定该造像的雷公身份亦不妥当。

雷公食蛇的题材虽然于史有征，但佛教中以蛇为食的金翅鸟和考古资料所发现噬蛇神怪，在造型上亦与食蛇雷公像颇有相类之处，所谓食蛇雷公像的真实身份有没有可能是其他类型的神怪？

我们可先将食蛇雷公像与佛教中的金翅鸟进行对比。金翅鸟是印度教和佛教中的神鸟鸟王，以蛇或龙为食，它的形象通常是半鹰半人，即有臂有手人形的上半身与鸟头、鸟大腿、鸟小腿、鸟爪和鸟翼的结合，双手抓住一条上卜翻滚的蛇，并用其尖利的喙咬住蛇身中段[18]。金翅鸟鸟喙、鹰足及持蛇而噬动作与食蛇雷公像完全相同，但二者的区别也是显而易见的。首先，翅膀是认定金翅鸟身份最明显的标志，至今尚未见有无翅的金翅鸟；其次，金翅鸟一般腿部覆以羽毛而上身戴有璎珞等佛教装饰物，而食蛇雷公像却像人一样着裙裳，甚至头上还有幞头似的巾帽；再次，金翅鸟的形象通常为金色，虽在唐卡中亦有五彩金翅鸟，但未见过有全身绿色或蓝色的金翅鸟；最后，在佛教艺术中，金翅鸟一般不作为单独礼拜的对象，而是作为护法神出现在其他佛像周围。综上可知，佛教造像有着严格的仪轨制度，其中金翅鸟的形象与食蛇雷公像明显有别，反倒是后者无翅、色青、头戴幞头这三个特点与文献中所记载的雷公形象完全契合。譬如，《夷坚丙志》卷七《扬州雷鬼》记载："奇鬼从空陨于地，长仅三尺许，面及肉色皆青。首上加帻，如世间幞头，乃肉为之，与额相连。顾见人，掩面如笑。"[19]不过，雷公与金翅鸟的形象之所以存在相似之处也并非巧合，已有学者指出鸟头雷神的形象正来源于印度的金翅鸟王[20]，这不仅可旁证食蛇雷公像的雷公身份，亦提示了其造型之来源，即以明清时期的雷公形象为基础，借鉴佛教金

[12] 方辉：《说'雷'及雷神》，《南方文物》2012年第2期。

[13] 安丘县文化局、安丘县博物馆：《安丘董家庄汉画像石墓》，济南出版社，1992年，第12、13页。

[14] 杨泓：《雷公怒引连鼓之辩》，《寻常的精致》，辽宁教育出版社，1996年，第251-253页。

[15] （清）黄伯禄辑：《集说诠真》，台湾学生书局，1989年，第289页。

[16] （宋）李昉等编：《太平广记》卷三九三《雷一·宣州》引《酉阳杂俎》，中华书局，1961年，第3142页。

[17] （宋）李昉等编：《太平广记》卷三九三《雷一·徐俐》引《录异记》，中华书局，1961年，第3144页。

[18] 〔英〕罗伯特·比尔著，向红笳译：《藏传佛教象征符号与器物图解》，中国藏学出版社，2014年，第80页。

[19] （宋）洪迈：《夷坚丙志》卷七《扬州雷鬼》，中华书局，1981年，第422页。

[20] Stevens K. Images of Sinicised Vedic Deities on Chinese Altars, *Journal of the Hong Kong Branch of the Royal Asiatic Society*, 1998(01), p88.

图4　藏传佛教中的金翅鸟*

〔英〕罗伯特·比尔著，向红笳译：《藏传佛教象征符号与器物图解》，中国藏学出版社，2014年，第81页。

翅鸟形象的若干特点杂糅而成。

此外，考古资料所发现的噬蛇神怪亦值得我们注意。早在先秦时代，楚国墓葬中就随葬有彩绘木雕的噬蛇镇墓兽，如河南信阳长台关楚墓出土的彩绘镇墓兽，虎首兽身，头生双角，瞪眼伸舌，口中衔蛇，颇为狰狞恐怖，其吞噬鬼怪、镇墓辟邪的功能十分明显[21]。长沙马王堆汉墓的出土漆棺上绘有怪兽、仙人、动物，相互构成五十多个各具神态的生动场面画，其中就有三位似人非人的食蛇怪兽[22]。镇江东晋隆安二年画像砖上也有兽首噬蛇图像：兽首似虎，张口竖耳，面向左侧，双手持蛇，作噬蛇状，兽独腿脚，腿上盘有小蛇[23]。这些噬蛇神怪多为兽首，且无双手持蛇的动作，加之均出现于魏晋南北朝以前，无论是造型抑或是年代都与食蛇雷公像相去甚远，二者应无直接的继承关系。

总之，绿釉食蛇雷公像虽和明代常见的雷公形象有所不同，但与我国自古以来的雷公形象并不相悖，且其造型与佛教中的金翅鸟、考古资料所发现的噬蛇神怪存有着根本性差异，故将其定名为"绿釉食蛇雷公像"是合理的。值得思考的是，为何会出现这种造型的雷公像？其寓意与功用又是如何？这就要求我们对雷公食蛇题材的内在逻辑作进一步考察。

二、雷公食蛇题材的内在逻辑

讨论雷公食蛇的内在逻辑，可从分析雷公的一般功能着手。有学者曾将《太平广记》中雷公的主要功能归纳为保证（损坏）丰收、恢复正义、预言或做预兆、打击无辜的人等，但持蛇雷公随雷雨从天而降，"执一赤蛇啮之""俄顷云暗而失"，并看不出明显的功能。故而，持蛇雷公形象被认为来源于某幅润州祆教图画，是把古代持蛇践蛇神物的形象与祆教猪首神结合在一起的结果，因为祆教艺术中原来有践蛇衔蛇的金翅鸟王形象，这个结合是更容易的[24]。绿釉食蛇雷公像并非猪首，可排除祆教猪首神的影响，值得注意的是考古资料中发现的噬蛇神怪，其功用对我们了解雷公食蛇的内在逻辑具有重要的参考价值。

关于这些噬蛇神怪的身份，学界并未取得一致意见。有人认为所有这些怪物都是"土伯"或其部下，土伯是地下的主神，土伯吃蛇，就是对于蛇的防御，以防蛇对尸体的钻扰、侵害，对蛇的防御也就是对于地下恶鬼的防御，从而引申为一种辟邪风俗[25]。亦有人认为这些食蛇神怪是疆良，据《山海经·大荒北经》记载："有神衔蛇操蛇，其状虎首人身，四蹢长肘，名曰疆良。"[26]噬蛇神怪的身份虽然众说纷纭，但其逻辑指向却是显而易见的，神怪所噬的蛇代表的是冥界的恶鬼，噬蛇神怪的功用就是镇墓辟邪[27]。那么，我们是否可以据此判断食蛇雷公像亦是

[21] 河南省文化局文物工作队第一队：《我国考古史上的空前发现，信阳长关台发掘一座战国大墓》，《文物参考资料》1957年第9期。

[22] 何介钧、张维明：《马王堆汉墓》，文物出版社，1982年，第47页。

[23] 杨正宏、肖梦龙、刘丽文：《镇江出土陶瓷器》，文物出版社，2010年，第72页。

[24] 姜明琪：《论〈太平广记〉中雷神传说的若干方面》，《北大中国文化研究（第1辑）》，社会科学文献出版社，2011年，第304-325页。

[25] 孙作云：《美术考古与民俗研究》，河南大学出版社，2003年，第130、131页。

[26] 袁珂校注：《山海经校注》，上海古籍出版社，1980年，第426页。

以蛇象征来妖魔鬼祟，食蛇所表现的即是借道教雷法来治祟降魔？这种推测不无根据。

　　蛇是聪明灵活，神秘而凶猛的动物，古人对蛇的力量充满恐惧，使得蛇成为了祟魅、妖魔的代名词，这也是考古资料所发现噬蛇神怪均以蛇来象征冥界恶鬼的原因之所在。至于唐宋，道教的雷法大盛于天下，成为治祟降魔的有力手段，与此同时，唐宋墓葬中已极少见噬蛇神怪的形象，各种造型的雷公俑及象征物却层出不穷，二者呈现出此消彼长的关系。相关研究显示，唐宋墓葬出土之人首鱼身俑、人首蛇身俑、人首龙身俑、猪首人身俑、鸟首人身俑、鳖首人身俑、牛首人身俑、马首人身俑、捧镜女俑、鼓及负鼓力士俑皆为道教雷神或与雷神有关之物，而这些不同形象的雷神相继以明器的形式在墓葬中频繁出现，与道教雷法的兴起和影响有很大关系[28]。唐宋时期兴起的雷法是道教中非常重要的法术，道教认为雷法是众法之至尊，威力巨大："夫雷霆者，天地枢机。天枢地机，名枢机，二台位列东西，总摄雷霆七十二司……雷乃天之号令，其权最大，三界九地一切，皆属雷司总摄。"[29]而雷法的功能主要在于"驱雷役电，祷雨祈晴，治祟降魔，禳蝗荡，炼度幽魂"[30]。墓葬正属于炼度幽魂的范围，因此在下葬时把掌管"三界九地一切"的雷神置于墓中，以保卫死者的灵魂免受各种邪魔精怪的干扰。

　　至于明代，随葬制度发生了较大改变，墓葬中已不见雷神俑随葬，雷公造像多为庙中或家中供奉之用，其功能也由"炼度幽魂"转为侧重"治祟降魔"，而以雷法来镇蛇祟更是成为一种民间共识。例如，据传为东晋陶潜所作的《搜神后记》中记录，吴兴人章苟耕田时打伤偷食之大蛇，大蛇遂投穴中求于雷公，"或云付雷公，令霹雳杀奴。须臾云雨冥合，霹雳覆苟上"，章苟指天大骂，"须臾云雨辄开，乃更霹雳向蛇穴中，蛇死者数十"[31]。宋代文献《钱炎书生》记载，广州书生钱炎为蛇祟所惑，学业殆废，后经人指点于奉行太上天心五雷正法的正一宫法师刘守真处获得符咒。经符咒照示，蛇祟"俄化为二蛇，一甚大，一尚小，逡巡而出"，自此"怪亦绝迹"[32]。明代文献《耳谈类增》也记载了蛇祟因雷击而绝的故事："宣城梅禹金园在城东陬，深林阴森。园丁子留儿日渐旭赢，知其中祟，而诸法莫能制。一日，雷雹交作，击破一树，视之，中有巨蛇蜕，盖蛇祟也。自是祟绝，然儿貌犹故。禹金教以服雄黄。数月，遍体毛孔出赤蛇千万，始如丝发，竟日渐大。悉以焚死，儿始无恙。"[33]至于民国，类似的故事仍层出不穷，如《洞灵小志》记载："壬申夏五，沽上大雷雨，哗传河北某巷击毙一蛇精。有知其事者曰：某孀妇居是巷，一女及笄矣，为妖所惑。妖幻形为美男子，女亦悦之，相戒勿使其母知。久之，女受妊，腹膨脝。母诘之，不能

[27]　黄厚宇：《考古资料中的蛇和相关神怪》，《中国典籍与文化》2001年第2期。

[28]　白冰：《雷神俑考》，《四川文物》2006年第6期。

[29]　（明）张宇初、张宇清：《道藏（第29册）》，文物出版社，1988年，第215页。

[30]　（明）张宇初、张宇清：《道藏（第29册）》，文物出版社，1988年，第213页。

[31]　（东晋）陶潜：《搜神后记》，中华书局，1985年，第120页。

[32]　（宋）洪迈撰，何卓点校：《夷坚志·补卷第二十二》，中华书局，1981年，第1755页。

[33]　（明）王同轨撰，吕友仁、孙顺霖校点：《耳谈类增》，中州古籍出版社，1994年，第169页。

隐，乃具告之。母曰：'是妖也，当以法制之。'妖至，已知其事，责女曰：'奈何背约，且图我！我必杀汝！'突见大小蛇数十环绕其身，惶迫间，迅雷忽下，女亦惊厥。及苏，见一大蛇白腰断为二，馀蛇杳然，满室皆硫磺气。女积羸，剖腹出其胎，乃愈。"[34]

既然民众普遍相信雷法可镇蛇祟，那么，食蛇雷公像以蛇来指代妖魔鬼祟，以食蛇来表现雷法治祟降魔的逻辑也就成立了，而且这种表现手法与考古资料所发现的噬蛇神怪有异曲同工之妙。

但不容忽视的是，雷法的核心是驱役雷神，随着雷法功能的增多，雷公、雷神的数量也随之增多，不同功用的雷法，所对应的雷神形象自然有所区别，这不得不让我们进一步思考，食蛇雷公像所表现的可能不仅是以道教雷法来治祟降魔的抽象概念，也有可能是道教雷部众神中某位具体的雷公。为讨论这种可能性，我们可先对道教的雷神体系进行一番考察。

自从雷神信仰产生之后，雷神便逐渐由单一的雷公、雷师发展为由众神组成的雷部，形成类似封建官府的复杂组织。雷部形成的准确时间很难确定，但据《法苑珠林》所载，至迟在唐以前已有关于雷神征用助手的传说。宋代民间传说中的雷神，常常有数名同时出现，而且已有雷部的称谓。明代始形成较固定的雷部众神体系，如邓元帅、辛元帅、庞元帅、刘天君、毕元帅之流，这一体系至近代仍有相当影响[35]。

道教经典《太上说朝天谢雷真经》是论述朝天谢雷之法的重要文献，该书认为世人遭遇雷击，是因触犯天条，天条共有三十六条，分别为三十六位雷公司察。凡人"不忠君主，不孝父母，不敬三宝，抛掷五谷，诃风骂雨，裸露三光，扬恶掩善，不遵正道，心昧天地，信巫魔祝，灭人福果，毁坏经教，犯此天条，则天雷检察"。天雷部属十二雷公，包括神霄雷公、五方雷公、行雨雷公、行风雷公、行云雷公、布泽雷公、行雪雷公、行冰雷公、飞砂雷公、食祟雷公、吞鬼雷公、伏魔雷公；"秽污水浆，将溷江河，毁骂尊长，疑真不信，轻师忘本，丽露亵衣，淫人妻女，惟恶是增。对圣毁愿，怨恨宗亲，不赈贫困，对天妄语，此十二条属地雷所管"。地雷部属十二雷公，即纠善霄公、罚恶雷公、社令雷公、发稻雷公、四序雷公、却灾雷公、收毒雷公、救病雷公、扶危雷公、太升雷公、巡天雷公、察地雷公；"糜烂五谷，大秤小斗，荒年起价，米中添水，欺曲昧人，秽语两舌，寸尺长短，克剥害人，欺善惧恶，久债不还，谋人女妾，酒肉杀生，此十二条人雷主之"。人雷部属十二雷公，即收瘟雷公、摄毒雷公、除害雷公、却祸雷公、封山雷公、破庙雷公、打鬼雷公、伏虎雷公、破瘴雷公、灭尸雷公、荡怪雷公、管魄雷公[36]。

[34] 郭则沄：《洞灵小志·续志·补志》，东方出版社，2010年，第103页。

[35] 何本方：《中国古代生活辞典》，沈阳出版社，2003年，第887页。

[36] （明）张宇初、张宇清：《道藏（第1册）》，文物出版社，1988年，第762页。

[37] 松荫盦:《松荫盦漫录·卷三》,自由杂志社,1926年,第90页。

[38] 鲁直:《聊斋剩稿》,大众文艺出版社,2003年,第497页。

[39] 徐珂:《清稗类钞》,商务印书馆,1912年,第181页。

[40] (明)王同轨撰,吕友仁、孙顺霖校点:《耳谈类增》,中州古籍出版社,1994年,第169页。

此天、地、人三部三十六位雷公所管范围涉及百姓生活的方方面面,食蛇雷公像有可能就是对以上某位雷公的一种具象化。文献没有对此三十六雷公的功能和形象进行逐一说明,我们只能从名称上对食蛇雷公像的具体身份进行推断。从食蛇雷公所噬之蛇的象征意义来看,食祟雷公之祟、吞鬼雷公和打鬼雷公之鬼、伏魔雷公之魔、收毒雷公和摄毒雷公之毒、收瘟雷公之瘟、除害雷公之害、荡怪雷公之怪均可能以蛇来予以具象化,但如果将食蛇雷公像持蛇而噬的造型也加以考虑,则只有食祟雷公和吞鬼雷公较为适宜这种表现形式。

食祟雷公和吞鬼雷公均在天部十二雷公之列,从字面意思来看,祟与鬼的区别是显而易见的。《古汉语字典》解释,祟是指鬼神给人制造灾祸,说文曰:"祟,神祸也。"《左传·哀公六年》:"昭王有疾,卜曰:'河为祟。'"迷信则称人死为鬼,说文:"鬼,人所归为鬼。"礼记祭义:"终生必死,死必归土,此之谓鬼。"可见,人死才能称鬼,而作祟的主体一般是神怪,以蛇称鬼,在逻辑上是不通的,而称蛇为祟,古已成例,蛇祟常作专词使用,如《松荫盦漫录》之《蛇祟》[37]、《聊斋剩稿》之《蛇祟》[38]、《清稗类钞》之《蛇祟妇》[39]、《耳谈类增》之《梅禹金园蛇祟》[40]等。因此,如果说食蛇雷公像确实是某位具体雷公的具象化,那么其具象化的对象最有可能是食祟雷公,而非吞鬼雷公。

三、结语

经以上讨论,我们可初步提出以下两点认识:一是绿釉食蛇雷公像的造型是以猴面雷公形象为基础,借鉴佛教金翅鸟形象的若干特点杂糅而成,不可因其题材罕见、造型奇特就否认其雷公身份;二是食蛇雷公像所表现的既可能是一种的抽象概念,即以蛇象征妖魔鬼祟,以雷公食蛇来表现道教雷法治祟降魔之功用,也可能是对道教雷部众神中某位具体雷公,特别是《道藏》所记载食祟雷公的一种具象化。

浅析馆藏杂宝镜的纹饰及内涵

南开大学博物馆　白瑶瑶

内容摘要　杂宝纹兴起于宋元时期，是一种内容丰富的组合式纹样，一般由书卷、金铤、银锭、犀角、象牙、圆钱、方胜、艾叶、珊瑚、玛瑙等珍稀物品纹饰组成，被广泛装饰于各类物件，有祈福、辟邪、吉祥、富贵之寓意。南开大学博物馆馆藏的一件明代杂宝镜，是明代铜镜题材世俗化的典型代表，装饰有杂宝、花瓶、供桌、人物、仙鹤楼阁等纹饰。馆藏杂宝镜上的图案反映了当时人们对吉祥富贵生活的向往以及民间社会的升仙谶纬思想。值得注意的是，杂宝镜主体纹饰多与墓葬装饰题材相一致，但两者之间是否有一定的关联，还需要更多的资料去证明。

关键词　杂宝镜　杂宝纹　墓葬

一、杂宝纹及馆藏杂宝镜概述

明代铜镜在继承前代的同时，在纹饰、题材、风格上也独具时代特色。随着手工业技术的提高与发展，铜矿开采量的增大，以及火法炼铜技术的提高，明代铜镜产量远超前代，品种也更加丰富多彩，存世数量较多。就题材来看，明代铜镜吸收了更多的民俗和市井文化内容，更多地展现了平民百姓的社会生活、信仰寄托等方面，杂宝镜便是在此背景下大量出现的。

杂宝镜，又称多宝镜，镜上装饰多由人物与各类杂宝纹组成。杂宝纹是宋元时期出现的一种较为常见的组合纹饰。宋书《太平广记》中的"杂宝（上）"中包括"马脑（玛瑙）、犀、月镜、秦宝、珊瑚、四宝宫、延清室、玉如意、七宝鞭、犀导、玉清三宝、宝骨、紫荛羯、紫贝、魏生……"[1]。随着纹饰的丰富与发展，杂宝纹的内容更为多样，从一些瓷器、壁画、服饰、铜镜的装饰来看，包括书卷、圆钱、银锭、方胜、珊瑚、艾叶、祥云、日月、金铤、摩尼珠、玛瑙等，组合并无定式，多作为辅助纹饰。

[1]　（宋）李昉等编：《太平广记》，中华书局，1961年，第3245-3254页。

在辽宋元时期的瓷器、壁画、书画等装饰上，杂宝纹被广泛应用。安徽蚌埠汤和墓出土的1件景德镇青花瓷罐，上肩绘一周俯莲瓣纹，莲瓣中间填绘螺、象牙等杂宝[2]（图1）；现藏于江西省高安市博物馆的景德镇青花云龙纹兽耳盖罐[3]，其肩部杂宝装饰与汤和墓青花瓷罐十分相似；辽天庆元年（1111年）韩师训墓[4]西北壁壁画上的一个椭圆形容器中也摆放有银锭、圆钱、珊瑚、玛瑙等各类杂宝（图2）；福州南宋黄昇墓出土的1件刻花漆木尺，尺面中分两半，一半分刻五格，每格阴刻不同的杂宝花纹[5]（图3）；宋苏汉臣所绘的《秋庭婴戏图》[6]，孩童身后坐墩上放置有玩具，其中"轮盘上面画出八个格子来，每个格子里各画一个小物件，旁边一个同样是八个格子的小板，每个格子里各置与轮盘格中所画一一对应的小物件"[7]（图4、图5），这些"小物件"便为方胜、圆钱、金铤、银锭、象牙等杂宝图案。

图1　汤和墓出土青花瓷罐

[2]　蚌埠市博物展览馆：《明汤和墓清理简报》，《文物》1977年第2期；李辉柄主编：《中国美术全集·陶瓷器（3）》，黄山书社，2010年，第594页。

[3]　李辉柄主编：《中国美术全集·陶瓷器（3）》，黄山书社，2010年，第595页。

[4]　张家口市宣化区文物保管所：《河北宣化下八里辽韩师训墓》，《文物》1992年第6期。

[5]　福建省博物馆：《福州南宋黄升墓》，文物出版社，1982年，第80页。

[6]　上海书画出版社编：《秋庭婴戏》，上海书画出版社，2004年。

[7]　扬之水：《从〈孩儿诗〉到百子图》，《文物》2003年第12期。

图2　韩师训墓西北壁壁画（局部）

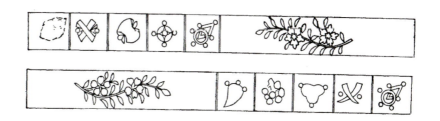

图3　黄昇墓出土刻花髹漆木尺纹饰图

图4　《秋庭婴戏图》（局部）

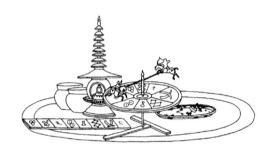

图5　《秋庭戏婴图》中的玩具

　　到了明代，杂宝纹装饰应用范围更为广泛，其中便有明代铜镜中比较典型的杂宝镜。明代杂宝镜存世量颇大，南开大学博物馆藏有明代杂宝镜1件（图6）。该镜为圆形，直径11厘米，纽高1厘米，镜背图案自下至上分为三部分：最下层的供桌上摆放有香炉，供桌两旁为花瓶；中间为四个手中捧物的侍仆，两两相对、侧身而立；最上层中间为楼阁，楼阁两侧为昂首飞翔的仙鹤。在这些主体纹饰中，书卷、金铤、双角、银锭、圆钱、艾叶等杂宝纹作为辅助纹饰点缀于周围，与人物楼阁相互呼应。馆藏杂宝镜样式在明代杂宝镜中较为常见，1994年7月在河南洛阳地区收集到的银锭组人物多宝镜[8]及新乡市博物馆馆藏的杂宝镜[9]（图7）与本馆所藏杂宝镜图案相同，尺寸相近；《中国铜镜史》中所收集的几面明代杂宝镜[10]（图8）及旅顺博物馆馆藏的明代人物多宝镜[11]（图9）除第一件以杂宝纹为主体纹饰外，其他铜镜整体图案和布局与本馆所藏十分相似，皆为人物、仙鹤、楼阁、杂宝的组合方式；另一件杂宝镜[12]图案则更为简略，只装饰有楼阁、一对花瓶及玛瑙、艾叶、梅花纹饰（图10）。可见，明代杂宝镜的图案题材基本固定，图案组合非常相近，更有一些铜镜图案完全一样，其装饰图案基本上已成为一种定式。

[8]　王连根、王权：《落日余晖的明代特色铜镜》，《中国文物报》2012年6月6日第5版。

[9]　饶胜、周舟：《馆藏明代杂宝纹铜镜赏析》，《文物鉴定与鉴赏》2018年第13期。

[10]　管维良：《中国铜镜史》，群言出版社，2013年，第326–327页。

[11]　旅顺博物馆编：《旅顺博物馆藏铜镜》，文物出版社，1997年，第231页。

[12]　林乾良：《镜文化与铜镜鉴赏》，西泠印社出版社，2012年，第254页。

图6　南开大学博物馆藏杂宝镜　　　　　　　图7　新乡博物馆藏杂宝镜

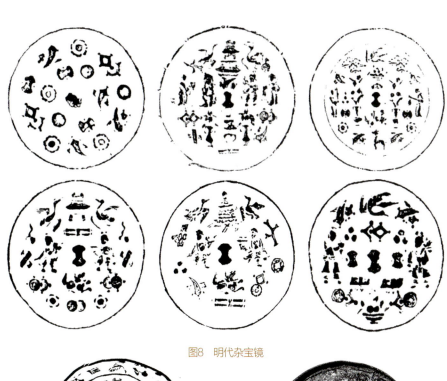

图8　明代杂宝镜

图9　旅顺博物馆藏多宝人物镜　　　　　　图10　明代杂宝镜

二、杂宝镜中的杂宝元素及内涵

（一）书卷

书卷图案位于整个画面的最下端（图11）。杂宝镜上的书卷使用了
卷轴的装裱方式，卷轴书画在北宋时期被广泛使用，南宋以后与手卷成
为书画装裱的主要方式。唐宋时期文人士大夫文化兴起，他们大多数都
有收藏历代名家字画之爱好。在这种大环境下，便于收藏和鉴赏实物的
卷轴装裱方式的书画也成规模出现。如北宋王诜热衷于"藏古今法书名
画，常以古人所画山水置于几案、屋壁间，以为胜玩"[13]，米芾"遇古
器物、书画则极力求取，必得乃已"[14]。宋人吴自牧在《梦粱录》中写
道："烧香点茶，挂画插花，四般闲事，不宜累家"[15]，烧香、点茶、
挂画、插花为宋人生活之"四雅"。"挂画"为宋代文人士大夫交流的
一项重要集体活动，每次遇到雅集、文会、博古的时候，这些文人雅士
通常聚在一起喝茶品字画、交流鉴赏。台北故宫博物院藏的宋代书画
《宋人十八学士图》便体现了这一场景（图12）。同藏于台北故宫博物
院的宋李嵩所绘《听阮图》中的床榻上也出现了卷轴书画（图13），其
形象与杂宝镜中书画十分相似。宋代士大夫是社会文化、知识、艺术的
代表，他们多在朝廷担任官员，有着优越的社会地位和待遇及较高的知
识水平和道德素养，《续资治通鉴长编》中"彦博曰：为与士大夫治天

图11　馆藏杂宝镜中书卷纹饰

[13]　《宣和画谱》卷十二，中华
书局，1985年，第329页。

[14]　（元）脱脱等：《宋史》卷四百
四十四列传第二百三，中华书
局，1977年。

[15]　（南宋）吴自牧：《梦粱录》卷
十九《四司六局宴会假赁》，
中华书局，1985年。

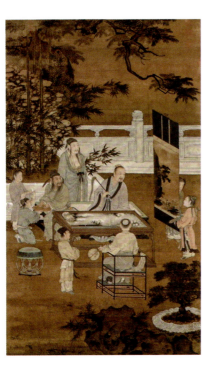

图12　《宋人十八学士图》

图13　《听阮图》

[16]　（宋）李焘：《续资治通鉴长编》卷221，中华书局，1985年，第5360页。

[17]　（宋）吴自牧：《梦粱录》卷十六《茶肆》，中华书局，1985年。

[18]　宿白：《白沙宋墓》，文物出版社，2002年，第52、53页。

[19]　（宋）鲁应龙：《闲窗括异志》，中华书局，1985年，第7、8页。

图14　馆藏杂宝镜中金铤纹饰

下，非与百姓治天下也"[16]。在礼仪等级较为森严的古代社会，文人士大夫的生活方式是一些平民百姓所崇拜、向往的，故这种书卷纹应是士大夫身份地位一种体现，也是文化知识的象征，展现了当时人们对上层社会、文人生活的一种向往。

同时，宋代世俗文化的兴起，也使得这类书画上到官方下到民间，在社会平民百姓的生活中普遍开来，形成一种社会风尚。在宋代大都市的酒楼、茶坊等有将"挂画"作为招揽生意的一个重要手段，吴自牧《梦粱录》记载："汴京熟食店，张挂名画，所以勾引观者，留连食客。今杭城茶肆亦如之，插四时花，挂名人画，装点店面。"[17]而书卷纹饰也正是对这种情况的真实写照，体现了卷轴书画在当时社会的普遍流行。

（二）金铤

花瓶右侧形象即为金铤（图14）。关于金铤的形象，宿白先生在《白沙宋墓》一书中进行了考证："黄休复《茅亭客话》（《学津讨原》本）卷六《金宝化为酒》条记其形制：'……因掘得一处古藏，银皆笏铤，金皆墨铤。'是金铤较小，银挺较大。此二物图像《营造法式》卷三十三《彩画作制度》图样上五彩琐纹、碾玉琐纹汇总，并且小金铤都二枚相叠作十字形，银铤都两端宽厚……最近安徽安庆东郊发现南宋降将元范文虎墓，墓中出有小木柜一件，内盛金银饰物，其中有金十字八枚……此外南宋以来印本书籍所附之版画中的金银，也多作十字相叠的铤形……。"[18]从目前发掘情况来看，金铤主要出土于南宋都城所在的浙江及周边安徽等地，形制皆为长方形，如1999年杭州西湖大道与定安路交叉口出土、现藏于杭州博物馆的数件南宋时期金铤，成色鲜亮，刻有"韩四郎""李六郎""十分金"等铭文（图15），与杂宝镜中的金铤形象十分相似。目前这类金铤大多数发现于窖藏，应是作为贵重之物以贮藏，鲁应龙《闲窗括异志》中有一段记载："李园者以种圃为业，初甚贫。一日挥锄，忽粪土中有声，掘得一瓮，皆小金牌满其中。"[19]金铤纹饰无疑是对财富的象征。

（三）银锭

此件杂宝镜中镜钮形象为束腰银锭，银锭钮铜镜是明代铜镜中较为典型的类型。该镜的银锭镜钮，与徐俌墓出土补子上的银锭形象类似，同时也呼应了杂宝纹中的银锭图案。

图15   杭州博物馆馆藏铭文金铤

1   2

图16   馆藏杂宝镜中圆钱纹饰

（四）圆钱

圆钱也是对财富的象征。此件杂宝镜中的圆钱有两种形象，一种为方穿（图16-1），另一种为四决穿，边缘有连珠装饰（图16-2）。第一种圆形方穿者可能仿照流通货币的样式，如宋代"崇宁通宝"（图17）、明代"洪武通宝"（图18）等皆为此类样式。第二类圆形四决穿圆钱不见于历代流通货币，是在流通货币造型上加工创造的一种样式，多见于压胜钱中，可能是以最常见的压胜钱样式为蓝本，如皖国公仇成墓出土的"金玉满堂"（图19），"子孙兴旺""子孙千亿""长命富贵""长金富贵"等压胜钱[20]。

[20]   南京市博物馆：《江苏南京白马村明代仇成墓发掘简报》，《文物》2014年第9期。

图17 崇宁通宝

图18 洪武通宝

图19 仇成墓出土压胜钱

图20 馆藏杂宝镜中方胜纹饰

图21 汪兴祖墓出土方胜饰品

（五）方胜

[21]（汉）班固：《汉书》卷五十七下《司马相如传》第二十七下，清乾隆武英殿刻本卷。

[22] 赵逵夫主编：《历代赋评注汉代卷》，巴蜀书社，2010年，第172页。

[23]（宋）孟元老：《东京梦华录》卷六《立春》，中华书局，1985年，第108页。

[24]（宋）吴自牧：《梦粱录》卷一《立春》，中华书局，1985年。

[25]（元）王实甫：《西厢记》，浙江古籍出版社，2011年，第31页。

[26] 南京市博物馆：《南京明汪兴祖墓清理简报》，《考古》1972年第4期。

方胜形状为菱形，结构对称，位于花瓶左侧金铤上方（图20）。"胜"通常作为装饰品佩戴发或腰间，《司马相如传》注曰："胜，妇人首饰也，汉代谓之华胜。"[21]古人一直将"胜"作为祥瑞之物，有西王母头发配胜之传说，司马相如《大人赋》："吾今乃目睹西王母，曜然白首，载胜而穴处兮"[22]。宋代在立春之日有佩戴幡胜之习俗，用于欢庆春日到来，故幡胜也成被称之为彩胜、春胜等，文献中对其记载颇丰。《东京梦华录》中记载："春日，宰执亲王百官，皆赐金银幡胜，入贺讫，戴归私第。"[23]《梦粱录》写道："宰臣以下，皆赐金银幡胜，悬于幞头上，入朝称贺。"[24]北宋梅尧臣《嘉祐已亥岁旦呈永叔内翰》诗："屠酥先尚幼，彩胜又宜春。"可见"胜"作为饰件，具有吉祥如意之内涵。

方胜为"胜"类饰品的一种。元代杂剧《西厢记》中写到"不移时，把花笺锦字，叠做个同心方胜儿"[25]，文中所说的同心方胜应就是杂宝镜中的这类样式，明汪兴祖墓也出土有这类方胜饰品（图21）[26]，

图22　馆藏杂宝镜中艾叶纹饰

1　　　　　　　　　　　　　　　　　2

图23　馆藏杂宝镜中犀角、象牙纹饰

在徐俌墓出土补子上的杂宝纹中，方胜也为类似形制[27]。这类"同心方胜"样式规整、对称，与同心结形制相似，可能也有美满幸福之寓意。

（六）艾叶

艾叶（图22）。端午节有插艾叶辟邪祈福之习，为旧时风俗之演变。《荆楚岁时记》记载在农历五月五日"……采艾以为人悬门户上，以禳毒气"[28]；明沈榜《宛署杂记》第十七卷记载："五月女儿节（端午节），系端午索，戴艾叶、五毒灵符……男子戴艾叶，妇女画蜈蚣、蛇、蝎虎、蟾为五毒符，插钗头。"[29]王沂公《端午帖子》诗云："钗头艾虎辟群邪，晓驾祥云七宝车。"宋陈元规《岁时广记》引《岁时杂记》解释道："端五以艾为虎形，至有如黑豆大者，或剪彩为小虎，粘艾叶以戴之。"[30]端午节的艾虎，多使用艾叶编剪而成，佩戴于身，用以辟邪。由此，艾叶纹饰即被赋予了祈福辟邪之内涵。

（七）象牙、犀角

这类纹样在不同的文物、研究中被认为是犀角、象牙，文献中并未对两者进行具体区分，犀角与象牙皆为古代贵重之物。福州南宋黄昇墓出土的刻花漆木尺及旅顺博物馆馆藏的明代人物多宝镜上都有交叉和单个样式，可能成对的为象牙，单个则为犀角。馆藏杂宝镜上的象牙（犀角）有两种样式，在这两种样式中，双角的形象一致，周边皆装饰连珠纹，第一种为与金铤叠压交叉样式（图23-1），第二种为成对交叉样式（图23-2）。象牙（犀角）还有一类不带有连珠纹装饰的样式，如辽天庆元年（1111年）韩师训墓西北壁壁画中椭圆形容器中的形象（见图2）。象牙、犀角为奇珍异宝，自古以来都是财富、身份地位的象征，《诗经》："憬彼淮夷，来献其琛：元龟象齿，大赂南金。"[31]《战国

[27]　南京市文物保管委员会、南京市博物馆：《明徐达五世孙徐俌夫妇墓》，《文物》1982年第2期。

[28]　（南朝梁）宗懔：《荆楚岁时记》，中华书局，1936年。

[29]　（明）沈榜：《宛署杂记》，北京古籍出版社，1982年，第191页。

[30]　（宋）陈元靓：《岁时广记》卷二十一，商务印书馆，1939年，第243页。

[31]　陈戌国点校：《四书五经（上）》，岳麓书社，2014年，第420页。

[32]（汉）刘向集录，（东汉）高诱注：《战国策》卷十《齐三》，商务印书馆，1958年，第88页。

[33]（北魏）郦道元：《水经注》卷四《河水》，商务印书馆，1933年，第60页。

[34]（晋）郭璞注，（宋）邢昺疏：《尔雅疏》卷第七，清嘉庆二十年南昌府学重刊宋本十三经注疏本。

[35] 中国社会科学院考古研究所安阳工作队：《安阳殷墟五号墓的发掘》，《考古学报》1977年第2期。

[36] 四川省文物考古研究所编：《三星堆祭祀坑》，文物出版社，1999年，第150页。

[37] 四川省文物考古研究所编：《三星堆祭祀坑》，文物出版社，1999年，第413、417页。

[38] 朱章义、张擎、王方：《成都金沙遗址的发现、发掘与意义》，《四川文物》2002年第6期。

[39]（南北朝）鸠摩罗什译：《阿弥陀经》，大正新修大藏经本。

[40]（三国）康僧铠译：《大无量寿经》佛说无量寿经卷上，大正新修大藏经本。

[41] 山东省博物馆、山东省文物考古研究所、兖州市博物馆：《兖州兴隆塔北宋地宫发掘简报》，《文物》2009年第11期。

[42] 定县博物馆：《河北定县发现两座宋代塔基》，《文物》1972年第8期。

策》："孟尝君出行国，至楚，献象床"[32]，又"汲冢竹书纪年，魏襄王七年，秦王来见于蒲坂关，四月越王使公师隅来献乘舟，始罔及舟三百、箭五百万、犀角、象尺焉"[33]。《尔雅·释地》："南方之美者，有梁山之犀象焉"，刑昺疏："犀、象二兽皮、角、牙、骨，材之美者也。"[34]从考古发现来看，象牙制品也多出土于大中型贵族墓中，如安阳殷墟五号妇好墓出土有整块象牙雕成的杯和带流筒形器，雕刻精细，制作精美[35]；四川广汉三星堆一号祭祀坑出土门齿13根，臼齿若干[36]，二号祭祀坑出土有67件象牙及若干象牙制品[37]；金沙遗址更是出土了数以吨计的象牙[38]。象牙、犀角，属于珍稀物品，受世人追捧，这类纹饰同样也是对财富、身份地位的象征。

　　杂宝纹在宋元时期就被广泛应用，到了明代，使用范围更为广泛，追其宗源，其原型应是来源于"佛教七宝"。《阿弥陀经》中记载："极乐国土有七宝池，八功德水充满其中，池底纯以金沙布地，四边阶道，金、银、琉璃、颇梨合成，上有楼阁，亦以金、银、琉璃、颇梨、车渠、赤珠、马瑙而严饰之。"[39]《佛说无量寿经》："成佛以来，凡历十劫，其佛国土，自然七宝，金、银、琉璃、珊瑚、琥珀、车渠、玛瑙，合成为地。"[40]在佛教相关考古发现中，也出土有相关杂宝元素，如兖州兴隆塔北宋地宫出土的鎏金银棺，主体纹饰"表现的都是释迦涅槃的场景"，其中"棺后挡正中为1尊坐姿菩萨像，两侧为天王像，莲座两侧为手中捧物的跪坐供养人像"（图24）[41]，莲座周围便布有金铤、摩尼珠、玛瑙、犀角（或象牙，与一个金铤相交）等杂宝；以及在河北定县的宋代塔基中发现有"大量的银、玉、水晶、玛瑙、琉璃、珍珠制品及琢磨玉器的工具"[42]。从文献记载和考古发掘来看，杂宝纹的最初组合与样式应来源于佛教，随着杂宝纹的广泛应用和不断发展，吸收了更多的戴有吉祥色彩的纹饰。到了明代，杂宝纹在瓷器、服饰、铜镜等物品上的大量应用，也说明了其宗教色彩的不断淡化甚至消失。

三、主体纹饰及内涵

　　馆藏杂宝镜的主体纹饰从下到上分为三层，最下层为"三供"，花瓶及摆放于供桌上的香炉；中间为四个人物，手中捧物，两两相对；最上层中间为楼阁，楼阁两边各有一只展翅向上的飞鹤。这些题材多来源于世俗生活，有着较为浓重的民间信仰色彩。

　　第一层的花瓶、供桌及香炉（图25），属于"三供"。"三供"是明代中晚期以前较为常见的供佛器，"花瓶、烛台、香炉，称为三

图24 兖州兴隆塔地宫出土鎏金银棺后挡纹饰图

图25 馆藏杂宝镜中花瓶与供桌

[43] 吴汝钧：《佛教大辞典》，商务印书馆国际有限公司，1994年，第115页。

[44] 钟治：《元代青花双环象耳瓶和三足鼎式炉》，《文物》1998年第10期。

[45] 福州市文物考古工作队：《福州市新店祝恒齐明墓发掘简报》，《福建文博》2015年第1期。

[46] 四川省文管会、绵阳市文化局、平武县文保所：《四川平武明王玺家族墓》，《文物》1989年第7期。

[47] 四川省文物考古研究院、宜宾市博物院：《四川宜宾市明代周洪谟墓发掘简报》，《四川文物》2015年第1期。

具足；若花瓶与烛台各二个，而成一对，再加上香炉一个，变成五具足"[43]。如四川省三台县文物管理所收藏的元代青花折枝菊花双环象耳瓶和缠枝牡丹三足鼎式炉即属此类[44]。

同时，这类"三供"也作为祭器祭祀墓主人，在明墓出土家具明器和墓葬壁画中也较为常见。如福建地区祝恒齐家族墓第四室出土的供案（图26），"案上摆放香炉、烛台和花瓶，香炉放中间，三足，双弯耳，花瓶放在案前左右两侧，瓶内插牡丹，烛台放在案后左右两侧，烛台下有墩座"[45]，这件明器与杂宝镜中的纹饰十分相似。杂宝镜中的花瓶纹饰在墓葬壁画中也有发现，如王玺家族墓[46]中M3棺室东西两壁的几幅花瓶彩绘（图27），M10王翔墓北壁中层雕刻的花瓶供桌图案（图28），以及四川宜宾市明代周洪谟墓[47]东室北壁的花瓶和供桌装饰（图29），皆与杂宝镜中相关题材一致，但在周洪谟墓东室北壁两个花瓶之间的供桌上，摆放的却是墓主人的牌位。

第二层为四个人物，这四个人物成对出现、相互面对、身微侧、手中捧物（图30）。这种杂宝镜在明代发现较多，其图案已经成为一种定式图案，表现了一幅生活富贵，侍仆围绕的场景。其中最外侧的

图26　祝恒齐家族墓第四室出土供案

图27　M3棺室东西两壁花瓶摹本

图28　M10北壁中层花瓶供桌图案

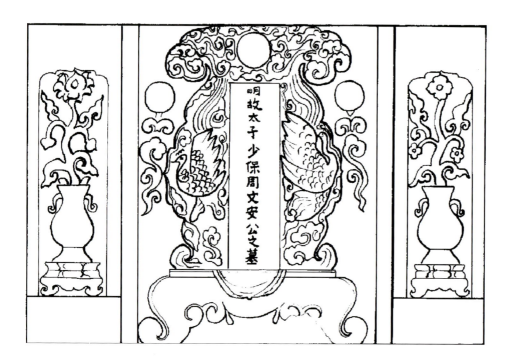

图29　周洪谟墓东室北壁花瓶和供桌纹饰

图30　馆藏杂宝镜中四人物

图31　M5墓室西壁南龛浮雕摹本

图32　M5室北壁壁龛蔡氏像及侍女浮雕摹本

图33　华蓥安丙家族墓M4墓室后壁壁龛雕刻摹本

图34　泸县牛滩镇滩上村墓三号墓出土石刻摹本

[48]　四川省文物考古研究院、广安市文物管理所、华蓥市文物管理所：《华蓥安丙墓》，文物出版社，2008年，第111页。

两个人物从服饰和发型来看，应为女性，头梳双髻，双髻上插花，是明代侍女较为常见的发型，其中最右侧人物一手搭巾，一手捧物，最左侧人物似双手托盒或书籍，两者应为侍女。中间两个人物手中也捧物，头上似戴幞头，右侧人物下身似穿裤，可能为两男侍。在王玺家族墓中有大量侍女形象，如M5墓室西壁南龛浮雕中的侍女（图31），身穿长裙，梳双髻插花簪，无论是穿着还是发饰都与杂宝镜外侧捧物侍女形象一致。在墓葬中，侧身的侍女应是在服侍墓主人，如王玺家族墓M5室北壁壁龛浮雕的蔡氏像及侍女图案（图32）。这种人物组合的图案在宋代壁画墓中也有体现，主要有两种形式：一是装饰于墓葬壁龛之内，如在华蓥安丙家族墓地M4墓室后壁壁龛（图33），其龛内左右两侧壁各雕刻头戴簪花、身穿长裙的捧物侍女，内龛中部雕刻香炉，侍女面向中央的香炉[48]；二是侍女搭配椅，如出土于泸县牛滩镇滩上村三号墓的石刻（图34），石刻中间是一把扶手椅，两侧站立两个梳双髻的侍女[49]，中间这把座椅应是为墓主人准备的。那么杂宝镜中的这四个两两相对的人物也应是体现了服侍某人的场景，而在镜子的装饰中并没有展现这个人物，这个人物很有可能就是镜子的使用者。

第三层中的仙鹤楼阁，更是古人用于表现升仙的常用题材。仙鹤是道教文化及后期民间信仰中的重要因素，在古人眼里，仙鹤极为高贵，晚唐诗人薛能《答贾支使寄鹤》诗曰："瑞羽奇姿跅跄形，称为仙驭过清冥。"在装饰有仙鹤题材的器物上，仙鹤多以昂首飞舞的形象成对出现。《野鹤为述律存道赋》曰"常为仙人驾，云上乘刚风"[50]，古人通常也将仙鹤与仙人相联系。仙鹤被予以长寿、高飞的特征，杂宝镜上的仙鹤楼阁便是体现了人们渴望长寿、死后升仙的想法。

值得注意的事，杂宝镜中的主体纹饰在墓葬壁画中能找到相似题材，而这类题材又不见装饰于其他器物。如山西大同东风里辽代壁画墓，南壁壁画男、女门侍图中（图35），"在人物四周绘火焰宝珠、犀角、象牙、银铤、祥云、压胜戟、柿蒂形物等"杂宝纹，这种布局与杂宝镜非常相似，同时北壁壁画则为以床为中心相对站立的六个男、女侍从，而在东壁壁画（图36）中除了杂宝纹饰外，还有捧物的侍者、蓝色花瓶及仙鹤[51]。同样，在四川明代王玺家族墓M9北壁剖面图（图37）中，下层为花瓶及供桌，中层为相对站立的侍者，这种布局也与杂宝镜

[49]　四川省文物考古研究所等编著：《泸县宋墓》，文物出版社，2004年，第150页。

[50]　（元）王沂：《伊滨集》卷三，清文渊阁四库全书本。

[51]　大同市考古研究所：《山西大同东风里辽代壁画墓发掘简报》，《文物》2013年第10期。

图35　山西大同东风里辽代壁画墓南壁壁画男、女门侍图

图36　山西大同东风里辽代壁画墓东壁壁画

中的布局一致，但在壁画中两位侍者之间却为墓主人之牌位。

　　杂宝镜是明代铜镜世俗化的产物，是民间信仰的产物，内容丰富，有一定的谶纬色彩。杂宝纹作为辅助纹饰与主题纹饰相互呼应，更多的反映了平民百姓的日常生活、思想及民间信仰，寄托了人们对美好生活的向往。在这些杂宝纹饰中，体现了各种吉祥色彩，无外乎为以下几点：富贵，主要用圆钱、银锭、金铤、象牙、犀角等钱币或珍稀物品纹饰表示；辟邪祈福，如艾叶纹饰的应用；文化及社会地位，如书卷；吉祥如意，如方胜。同时，在镜上的主题纹饰中，侍者人物表现了一幅富裕人家的服侍场景，体现了人们对富贵生活的向往；仙鹤楼阁则反映了当时人们对长寿的渴望及对往生世界的想象，夹杂了民间信仰和谶纬思想，有升仙之意。值得注意的是，明代墓葬中很少出土有这类杂宝镜，说明这类杂宝镜应不具有丧葬及压胜功能，但从杂宝镜的主体纹饰来看，展示了一副祭拜、服侍、升天的场景，又多与墓葬装饰相同，且这类装饰在其他器物上又鲜有发现，尤其是"三供"作为装饰图案应用于实用器的做法也值得探究。在此情境下，杂宝纹饰或许也回归于原始，

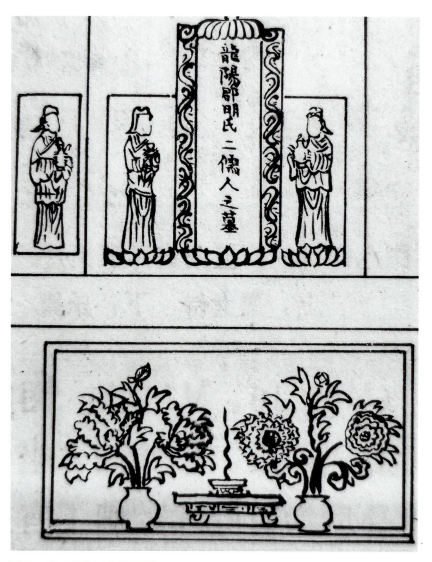

图37　王玺家族墓M9北壁剖面图

可能带有了一定的宗教内涵。这类杂宝镜与墓葬题材的大量重合仅仅是
对当时生活的一种世俗化反映，还是两者之间有一定的关联，这都需要
更多的材料去证明。